BUZZ

Podemos ter diferentes religiões, diferentes idiomas, diferentes cores de pele, mas todos pertencemos à mesma raça humana.

Kofi Annan

Publisher ANDERSON CAVALCANTE
Editoras SIMONE PAULINO, LUISA DE MELLO
Assistente editorial JOÃO LUCAS Z. KOSCE
Projeto gráfico ESTÚDIO GRIFO
Assistente de design NATHALIA NAVARRO
Revisão VANESSA ALMEIDA, MARINA CASTRO
Fotos CLAUDIO GATTI

Dados Internacionais de Catalogação na Publicação (CIP)
de acordo com ISBD

W835m

Wizard Martins, Carlos
Meu maior empreendimento: uma missão de fé e amor /
Carlos Wizard Martins
São Paulo: Buzz Editora, 2020
160 pp.

ISBN 978-65-86077-34-6

1. Biografia. 2. Missão humanitária. 3. Relatos de vida. I. Título.

2020-591 CDD 920
CDD 929

Elaborado por Vagner Rodolfo da Silva, CRB 8/9410
Índices para catálogo sistemático:
1. Biografia 920
2. Biografia 929

Buzz Editora Ltda.
Av. Paulista, 726 - mezanino
CEP: 01310-100 São Paulo, SP

[55 11] 4171 2317
[55 11] 4171 2318
contato@buzzeditora.com.br
www.buzzeditora.com.br

CARLOS WIZARD MARTINS

MEU MAIOR EMPREENDIMENTO

UMA MISSÃO DE FÉ E AMOR

Tudo que me sobrou foi minha filhinha de 1 ano. Se eu der minha filha para adoção, não terei mais nada na vida.

**Eduardo Villanueva,
refugiado venezuelano**

Este livro é dedicado a Nicholas
e a todos os pais que tiveram a missão divina
de receber um filho especial em seu lar.

Gostaria de poder me livrar da memória, me livrar desse mundo e de tudo o que vi nos últimos anos.

Christy Lefteri

Em meus pesadelos
mais profundos, jamais
imaginei que um dia seria
uma refugiada.
Stonia Martinez,
artista plástica venezuelana

INTRODUÇÃO

Este livro relata fatos, acontecimentos, desafios, conquistas e emoções que vivi durante os vinte meses em que estive em Roraima. Descreve também minha visão sobre a missão humanitária que assumi espontaneamente.

Descobri que no íntimo de cada refugiado existe uma guerra psicológica e silenciosa acontecendo a todo momento - ela é repleta de dilemas, incertezas, traumas, receios.

Quem foge de seu país, foge da fome, da miséria, da desgraça. Apesar do medo, tem coragem de buscar um futuro melhor, capaz de salvar a própria vida e a de sua família. Essas pessoas são dotadas de uma resiliência incalculável na busca pela sobrevivência.

Se eu passei quase 2 anos na fronteira do Brasil com a Venezuela, longe do conforto de meu lar, os refugiados estavam fora das fronteiras de sua pátria. E tinham deixado tudo para trás: casa, profissão, carreira, relacionamentos, expectativas e sonhos.

A situação mais extrema que pode acontecer na vida de uma pessoa é deixar suas raízes, sua cultura, seus familiares para trás. Fugir rumo ao desconhecido para tentar se reencontrar. Fugir para buscar a vida, para buscar socorro, para tentar ao menos encontrar um fio de esperança, uma pequena luz que sirva de farol rumo à sobrevivência.

Ninguém quer ser um refugiado. Ninguém um dia planejou ser um refugiado. Isso é algo imposto na vida de milhares de pessoas que, dia após dia, perdem a esperança de viver em seu próprio país por condições contrárias à sua vontade. Isso é o extremo da vulnerabilidade do ser humano que, apesar de ter o coração esfacelado, agarra-se à esperança de encontrar um coração generoso pelo caminho. Para que possa voltar a acreditar na vida e encontrar um sentido diante de tanto sofrimento.

E se existe alguma coisa que alimenta a minha alma, ao observar o percurso doloroso que essas pessoas passam para conseguir sair de onde se encontram, é a esperança. A esperança do ser humano de recomeçar diante de situações extremas e seguir adiante é algo que jamais será perdido.

E este livro é acima de tudo sobre esperança. Sobre o amor que pude encontrar no coração de tantas pessoas que se unem para mudar o destino das outras. Sobre o amor que move pessoas, que move montanhas, que é capaz de fazer milagres em um cotidiano quase esquecido pelas manchetes dos jornais.

Este livro é feito de lágrimas, de amor, de emoções que não cabiam mais dentro de mim. É um pedido de socorro. É um grito de alerta para que não fiquemos indiferentes diante de um refugiado faminto. E para que nos lembremos de que Jesus Cristo foi o maior dos refugiados. Seus pais foram obrigados a deixar sua terra rumo ao Egito para escapar da espada de Herodes, que ordenou a morte de todos os meninos nascidos naquela época. Talvez seja por isso que Jesus Cristo proferiu estas palavras:

> **"Porque tive fome, e destes-me de comer; tive sede, e destes-me de beber; era estrangeiro, e hospedastes-me;**

Estava nu, e vestistes-me; adoeci, e visitastes-me; estive na prisão, e foste me ver.

Então os justos lhe responderão, dizendo: Senhor, quando te vimos com fome, e te demos de comer? Ou com sede, e te demos de beber?

E quando te vimos estrangeiro, e te hospedamos? Ou nu, e te vestimos?

E quando te vimos enfermo, ou na prisão, e fomos ver-te?

E, respondendo o Rei, lhes dirá: Em verdade vos digo que quando o fizestes a um destes meus pequeninos irmãos, a mim o fizestes." (Mateus 25:35-40)

Ninguém jamais imaginou ou desejou ser um refugiado.

Vânia Martins

1

POR QUE RORAIMA?

Fui criado no Boa Vista, um bairro simples da periferia de Curitiba, numa época em que as casas eram de madeira e dava para contar nos dedos o número de moradores da vizinhança. Agora eu me encontrava no aeroporto de Viracopos, em Campinas, junto com minha esposa Vânia, esperando para embarcar a qualquer momento. Era a primeira vez que iríamos a Boa Vista, em Roraima, a menor capital do país, e a única localizada acima da linha do equador.

– Será que vamos dar conta dessa missão? O que será que nos espera na divisa do Brasil com a Venezuela? Como podemos auxiliar os refugiados? – indagava Vânia, com um olhar pensativo.

Afinal, estávamos deixando o conforto de nossa casa, seis filhos e dezoito netos para ir a um lugar distante. Nos 2 anos que se seguiriam, viveríamos em uma terra estranha, com a missão de ajudar pessoas estranhas.

Naquele instante, me lembrei de um episódio que havia acontecido após meu nascimento. Minha mãe tinha se casado aos 17 anos. Nove meses depois, eu cheguei ao mundo. Ela conta que, logo após meu nascimento, sentiu, de repente, um imenso temor. Teve a sensação de que a qualquer momento iria perder o filho recém-nascido. Embora não houvesse nenhum motivo real para se preocupar, ela não conseguia se livrar desse sentimento.

Certa noite, ela abriu a Bíblia, leu alguns trechos e se sentiu reconfortada. Então, pediu a Deus com aquela voz e sentimento que só uma mãe consegue ter ao fazer uma oração:

"Salve a vida desse menino, Senhor! Não permita que nada de mal lhe aconteça. Prometo criá-lo para que possa servir a Ti. Que esse menino cresça para servir a Deus. Vou fazer de tudo para orientá-lo e prepará-lo no Teu caminho."

Até hoje me lembro de ter ouvido várias vezes essa história ao longo de minha infância e adolescência. Essa experiência sempre me influenciou, principalmente quando estava diante de momentos decisivos.

E aquele era um desses momentos. Estávamos no aeroporto de Viracopos, prestes a sair rumo a um trabalho humanitário dedicado ao próximo. Mas não era a primeira vez que saíamos em missão. Aos 18 anos, os jovens da Igreja de Jesus Cristo dos Santos dos Últimos Dias têm sua primeira experiência como voluntários. São enviados para uma missão que dura 2 anos. O destino pode ser qualquer uma das mais de quatrocentas localidades em todo o mundo. É um desafio para o qual são preparados desde a infância. Servindo ao próximo eles amadurecem e se tornam adultos autossuficientes. São 730 dias servindo em uma missão capaz de mudar completamente uma vida, às vezes a própria, e consequentemente capaz de alterar o destino de muitas outras.

Vivi essa experiência aos 19 anos, quando me despedi de minha família em Curitiba e parti para Portugal. Dois anos depois, voltei outra pessoa para casa. Na época, a Vânia tinha sido designada para passar dezoito meses em Minas Gerais e no Rio de Janeiro, realizando o mesmo trabalho voluntário.

Naquele tempo, embora eu fosse apaixonado por ela desde os meus 15 anos, ela não me dava bola. Dizia que eu era muito infantil, brincalhão, e não levava nada a sério. Após voltar daquela missão, ela parecia enxergar outro homem em mim. Vendo-me com outros olhos, iniciamos uma história juntos que nos traria experiências que jamais poderíamos imaginar.

Quando já estávamos casados havia 20 anos, certo dia recebemos em nossa casa a visita do élder Jeffrey R. Holland, um apóstolo da Igreja vindo dos Estados Unidos. Ele nos surpreendeu quando disse: "Deus tem um chamado importante para vocês. Pelos próximos 3 anos vocês irão presidir uma missão da Igreja no Nordeste do Brasil".

Naquele instante, agradecemos a confiança e aceitamos o chamado, sabendo que se tratava de uma designação divina. Para explicar melhor o contexto dessas missões, cada uma delas conta com cerca de duzentos jovens entre 18 e 20 anos, e é presidida por um casal que serve voluntariamente por 3 anos, sendo responsável pelo cuidado, bem-estar e orientação dos missionários.

Os 3 anos que passamos nos estados da Paraíba, do Rio Grande do Norte e parte do Ceará foram uma pausa de todos os interesses de ordem pessoal, profissional e empresarial. Estávamos conscientes de que o chamado era divino, o que nos dava conforto em vez de qualquer inquietação. Mas nem por isso deixou de haver grandes desafios, obstáculos, adaptações. Porém seguíamos com a convicção de que aquele tempo não nos pertencia, era um tempo sagrado.

Era um tempo no qual deveríamos dedicar nossas forças, talentos, habilidades e dons a serviço do próximo. Foram 24 horas por dia, sete dias por semana, sem férias, interrupções ou afastamentos, sem viagens fora do território da missão. Ali estávamos para servir. Fomos acompanhados de nossas filhas Thais e Priscila, que na ocasião tinham 14 e 12 anos, e de nossos filhos Nicholas e Felipe, com 3 e 1 ano de idade, respectivamente. Nossos gêmeos, Charles e Lincoln, de 19 anos, estavam fora do Brasil, também em período de missão. A família toda estava vivendo um único propósito, e isso nos fortalecia muito.

Agora, com mais de 60 anos, com empresas sólidas e disponibilidade financeira e de tempo, eu e Vânia podíamos estar em qualquer parte do mundo: Havaí, Alasca, Ásia, Leste Europeu, Mediterrâneo, Polo Norte ou Polo Sul. Porém, sentimos que era hora de prestar um serviço humanitário, e este era diferente das outras missões que tínhamos cumprido até então: estávamos rumo ao acolhimento de refugiados venezuelanos que atravessavam a fronteira em Pacaraima, cidade próxima a Boa Vista, e chegavam ao Brasil em busca de dignidade e melhores condições de vida.

Desde que anunciei essa decisão, todas as semanas as pessoas faziam a seguinte pergunta:

- Carlos, o que fez você deixar seus negócios e o conforto de sua casa e ir a Roraima socorrer venezuelanos?

Era uma maneira elegante e educada de perguntarem: "O que aconteceu com você? Agora vai virar monge e fazer voto de pobreza? Enlouqueceu?".

Sempre que me deparo com essa pergunta, dou uma resposta romântica. Explico calmamente que quando me casei, eu ganhava um salário mínimo e Vânia ganhava dois salários. Saímos para a lua de mel em uma Kombi emprestada e, em determinada noite, sentados à beira da praia no Balneário Camboriú, em Santa Catarina, fizemos nossas metas para o futuro. Uma das metas tinha sido: "Vamos buscar a prosperidade!". Acho que Deus ouviu e atendeu ao desejo de nosso coração. Mais tarde fui estudar na Universidade Brigham Young, em Utah, nos Estados Unidos. Voltei ao Brasil e comecei a dar aulas de inglês em minha casa para um aluno, depois dois alunos, e então três alunos. Depois de algum tempo, seguindo meu instinto empreendedor, montei uma escola de inglês, que se transformou na maior rede de ensino de idiomas do mundo. Deus foi generoso conosco, atendeu o desejo de nossos corações e nos abençoou com muito mais do que jamais imaginávamos ser possível.

Em seguida, ainda respondendo à pergunta, eu explico que uma pessoa geralmente passa por quatro fases na vida. Do nascimento aos 20 anos, é a fase de formação, aquisição de conhecimentos. Dos 20 aos 30 anos, é a fase da definição, ou seja, a pessoa vai escolher qual caminho seguir para se realizar pessoal e profissionalmente. Dos 30 aos 60 anos, a pessoa entra na fase da conquista. Isto é, a pessoa vai buscar o sonho da realização plena. Após os 60, é o momento de desfrutar o que se conseguiu e de dedicar parte de seu tempo, de seus recursos e habilidades contribuindo com o bem-estar da sociedade.

Ao ouvir essa explicação, todos ficam emocionados, parabenizam, aplaudem, e eu me contento por ter dado uma resposta satisfatória a uma pergunta enigmática e recorrente. Mas hoje vou lhe contar a verdade. Essa não é a verdadeira razão pela qual tomei essa decisão radical de me mudar para Roraima e assumir essa missão humanitária. A verdadeira razão está estampada na capa deste livro. Mas, para entender plenamente essa motivação, você vai precisar conhecer dois episódios marcantes, relatados nos dois próximos capítulos.

É a obrigação de toda pessoa nascida em um lugar seguro estender as mãos para alguém em situação de perigo.

Dina Nayeri

2

ENTRE A VIDA E A MORTE

Quando meus filhos gêmeos Charles e Lincoln tinham 18 anos, certo dia eu estava em uma reunião na empresa quando minha secretária me interrompeu:

– Sr. Carlos, é um telefonema urgente para o senhor.

Quem estaria me ligando nesse horário? Já são 18h30, pensei. Corri para atender, sem saber muito o que esperar, e ouvi do outro lado da linha:

– Carlos, quem está falando é a Izabel, amiga da Vânia. Venha rápido. Seus filhos sofreram um acidente de carro. Venha para cá imediatamente. A situação é grave.

– Acidente? Onde?

– Aqui no Tapetão, na entrada do bairro Costa e Silva.

Tapetão é o nome de uma grande avenida que vai do Taquaral ao bairro de Barão Geraldo. Quando me aproximei do local, o trânsito estava pesado. Minha angústia só aumentava. A polícia direcionava o fluxo para outras ruas, e tudo estava um caos. As buzinas, o congestionamento, aquele som das sirenes, os motoristas nervosos, eu mais que todos. Os guardas impediam o acesso ao local do acidente e eu insisti. Falei que eram meus filhos e eles abriram passagem.

Na cena, a gravidade da qual Izabel havia falado parecia ainda mais alarmante: havia policiais, bombeiros, paramédicos, ambulâncias, jornalistas e curiosos.

E tudo que eu veria a seguir ficaria marcado em minha memória para sempre. No meio da pista havia um trator pesado, que tinha batido de frente com o carro onde estavam meus filhos gêmeos. Temeroso, me aproximei do carro e me disseram que Lincoln estava dirigindo, mas o assento do motorista estava vazio. Eu não o vi naquele instante. No banco do passageiro pensei ver a figura do Charles desacordado, preso entre as ferragens. Vivo? Como saber? Confuso, tentei manter a serenidade, embora meu coração estivesse acelerado.

Um guarda me abordou:

- O senhor é o pai dos gêmeos?

- Sim - respondi, chocado com a cena.

A resposta que ele iria me dar era aquele tipo de frase que nenhum pai deveria ouvir na vida. Ainda mais daquela forma.

- Lamento, o senhor acaba de perder um filho. Estamos tentando salvar o outro.

Naquele instante perdi o chão. Era como se um buraco se abrisse debaixo de meus pés. Essa é a notícia mais trágica que um pai pode receber. De repente, aparece a Izabel, que tenta me confortar. De imediato, pedi-lhe:

- Preciso que você vá até a minha casa e prepare o coração da Vânia, ela não está pronta para receber essa notícia.

Dali, saí voando para a Unicamp, para onde haviam levado meu filho. Quando cheguei lá, me informaram que tinha um terceiro passageiro no banco de trás do carro. Aquela notícia também me desnorteava. Quem seria o terceiro passageiro?

Logo em seguida, fiquei sabendo que era um amigo de meus filhos. No mesmo instante, atordoado, vi chegar uma ambulância, e dali de dentro saía um corpo. Alguém exclamou:

- Esse já foi!

Na certeza de ter perdido um filho, liguei para três amigos próximos para anunciar a tragédia.

A Vânia chegou de repente. Ela chorava muito, abraçamo-nos. E foi naquele abraço que percebi que ela não tinha qualquer informação precisa sobre o acidente. Apenas sabia que os garotos estavam sendo atendidos.

Foi quando uma enfermeira surgiu, anunciando:

– Estamos tentando salvar o Charles. Ele está sendo operado neste momento.

Eu estranhei. Havia sido dito que eu perdera meu filho. Eu tive a sensação de ter visto meu filho preso entre as ferragens sentado no banco do passageiro. Chamei a enfermeira de lado:

– Você está dizendo isso para consolar minha esposa? Não quer dizer a verdade para ela, não é mesmo?

– A verdade é essa! Estamos tentando recuperar o jovem. Sofreu traumatismo craniano, hemorragia interna, o baço foi perfurado, teve uma fratura exposta numa perna e quebrou o braço em sete lugares. Está inconsciente na UTI, entre a vida e a morte...

– Por favor, não me engane – insisti.

– Essa é a verdade. Pode acreditar. Seu filho está vivo.

Essas palavras acenderam em mim uma chama de esperança e fé. *Talvez Charles esteja realmente vivo. Ou seja, talvez tenha uma chance de sobreviver*, eu pensei. Porém, não me contive, e perguntei:

– Quem morreu, então?

– O outro passageiro que estava no carro. Aquele que estava no banco da frente, no banco do passageiro. Foi ele quem faleceu.

– E o Charles estava onde? – perguntei, respirando fundo.

– Ele estava no banco de trás, e com o impacto do acidente foi jogado para fora do carro.

Assim que cheguei ao local do acidente, fui tomado por um choque tão grande que eu poderia jurar ter visto meu filho preso entre as ferragens, sentado no banco da frente do carro. Teria sido meu desespero, uma alucinação? Aquela imagem tão vívida jamais sairia de minha cabeça.

Nem consigo descrever com exatidão a sensação de saber que meu filho estava vivo. Mesmo que em perigo de morte, ainda tinha vida.

Finalmente, já de madrugada, os médicos fizeram uma avaliação mais detalhada da condição de saúde dos garotos. Lincoln, que estava na direção, passava bem. Charles estava em estado gravíssimo, porém com possibilidade de sobreviver. Os médicos recomendaram: "Voltem para casa, vocês precisam descansar. Não há nada que possam fazer aqui no hospital".

Aquele veredito ficava ecoando no meu pensamento. Não havia mesmo muito a se fazer no hospital. Voltamos para casa, e Vânia repetia várias vezes:

- O que Deus quer nos mostrar com esse acidente? O que será que o Senhor quer que eu faça para Ele salvar a vida de meu filho? - Por alguma razão, naquela noite em que não conseguimos pegar no sono, um pensamento veio à mente de Vânia: *Tenho quatro irmãos que, além dos filhos biológicos, adotaram outras crianças.*

Vânia sempre dissera a seus irmãos: "Já tenho quatro filhos e não quero mais nenhum. É muita responsabilidade, trabalho, precisa de muita dedicação". Ela afirmava que admirava a iniciativa dos irmãos, mas não ia adotar nenhuma criança. Era seu discurso: "Já não tenho idade e paciência para isso. Adotar uma criança exige um compromisso total".

Mas após dormir muito pouco naquela noite, quando ela despertou, teve um sentimento muito forte. Era uma inspiração em forma de oração:

- Meu Deus, peço a Ti de todo o coração para salvar a vida de meu filho. Sendo atendida faço a promessa de que irei cuidar de um filho Seu que esteja abandonado no mundo.

Eu estava ao lado dela e fiquei muito surpreso com essa decisão. Pela primeira vez na vida, Vânia considerou a possibilidade de adotar uma criança menos afortunada. Naquela manhã, quando compartilhou comigo esse sentimento, eu, de imediato, a apoiei. Em seguida lhe falei:

– Meu amor, se você está disposta a adotar uma criança carente, eu também tenho o mesmo desejo. Então vamos adotar duas crianças. Você cuida de um e eu do outro.

Por incrível que possa parecer, aquele comentário a fez sorrir, e nós dois sorrimos em meio àquele período tão turbulento. Era como se aquele desejo já fizesse parte de nosso coração há muito tempo. Como se aquele sentimento já tivesse nascido conosco. Sabíamos que a adoção era o que Deus esperava que fizéssemos.

Após onze dias em coma na UTI, Charles teve sua primeira reação: seus olhos piscaram. No dia seguinte, fez um pequeno movimento com os dedos das mãos. E, apesar de sua imobilidade, após alguns dias ele teve alta, pois corria o risco de contrair uma infecção hospitalar.

Charles voltou para casa consciente, porém imóvel. Dos sessenta e tantos quilos que pesava antes, agora ele estava com menos de cinquenta. Parecia um bebê de 18 anos de idade. Não conseguia comer, ir ao banheiro, se locomover ou tomar banho sozinho. Saía de casa apenas em cadeira de rodas.

Com o apoio de uma equipe de terapeutas em diversas frentes, como fonoaudiólogos, fisioterapeutas e psicólogos, depois de vários meses de acompanhamento, ele finalmente voltou a caminhar. Passados mais seis meses, vivemos outro momento dramático: ele e seu irmão iriam se separar pela primeira vez.

Os gêmeos haviam se preparado desde a infância para partir para a missão. Lincoln estava liberado, mas Charles não. Ainda precisava fazer algumas cirurgias corretivas no braço e na mão. Os irmãos conversaram e decidiram que Lincoln não precisava esperar. Podia seguir adiante na missão que o aguardava.

O jovem não escolhe o local onde irá servir. Quem faz o chamado é o profeta, o líder máximo da Igreja, que recebe todos os formulários dos jovens e, após analisar cada um, determina os destinos. Não há obrigação de participar, ou seja, é uma decisão voluntária e pessoal, mas caso o indivíduo sinta esse chamado divino dentro de si, parte para a missão.

Durante o período de 2 anos, o objetivo é que o jovem adquira autossuficiência, e se entregue ao serviço abnegado em favor do próximo. Eles não vão à missão com objetivos egoístas, ou de realização pessoal, acadêmica ou profissional. O objetivo é a doação de seu tempo e talentos em favor das pessoas mais necessitadas. Assim retribuem os dons, talentos, habilidades que cada um possui. E óbvio, partem sem ganho, sem remuneração.

Como consequência natural, eles amadurecem, progridem e se desenvolvem emocional e espiritualmente. A missão é uma experiência enriquecedora e sagrada. Costumo dizer que é a síntese desta frase de Jesus: "Quem quiser salvar a sua vida por amor de mim perdê-la-á; e quem perder a sua vida por amor de mim, achá-la-á". Assim, o jovem que chega em missão e o homem que sai dela são pessoas diferentes.

A missão, por sua natureza espiritual, proporciona uma nova dimensão sobre propósito da própria existência. Esses jovens têm a dimensão de que são filhos legítimos de um Deus amoroso. São capazes de se aproximar dessa fonte divina e de sentir a presença em seus pensamentos e intuições desse relacionamento íntimo com o Criador. Isso lhes traz paz, serenidade e confiança para superar os desafios. Além disso, lhes imbui da capacidade de sonhar e ir em busca de seus sonhos, sabendo que Deus estará ao seu lado lhes dando apoio, inspiração e proteção rumo ao seu infinito potencial.

Foi com esse sentimento que Lincoln abriu o envelope que continha o destino de sua vida pelos 2 anos seguintes. Foi chamado para a cidade de Houston, no estado norte-americano do Texas.

Os gêmeos se abraçaram no aeroporto. Lincoln partiu na certeza de que seu irmão em breve iria realizar seu sonho de menino também. Charles ficou para trás, na certeza de que logo seguiria os passos do irmão.

Seis meses mais tarde, Charles estava liberado para partir. Naquele instante, embora eu soubesse que esse era seu maior desejo, meu coração estava aflito. No íntimo, eu e Vânia pensávamos que ele seria designado para uma área próxima a Campinas. Caso qualquer atendimento médico fosse necessário, de imediato poderíamos socorrê-lo. Finalmente, quando ele abriu o envelope com seu chamado, descobriu que passaria os 2 anos seguintes em Moçambique. Assim, Charles embarcou para a África convicto de que estava fazendo a vontade de Deus.

Quando estais a serviço de vosso próximo, estais somente a serviço de vosso Deus.

Mosias 2:17

3

"NICHOLAS, PEGUE A BOLA."

Lincoln no Texas, Charles na África! Eu e Vânia não nos esquecemos de nosso compromisso com Deus. Fomos ao Juizado da Infância e Juventude fazer o cadastro para adoção. Nosso desejo era adotar dois meninos. Tempo de espera? Um ou dois anos. Esse seria o período de "gestação" de nossos filhinhos.

Passado mais de um ano, certo dia recebi uma ligação de uma cidadezinha do interior do Paraná.

- Sr. Carlos, vocês fizeram o cadastro para a adoção de uma criança? - era o que dizia a voz do outro lado da linha.

- Sim! Sim! Sim! É aqui mesmo - respondi. Estava ansioso pela resposta que seria dada.

- Pois bem. Temos um menino recém-nascido de três meses e estamos em busca de uma família. Seus papéis foram aprovados. Vocês podem vir buscá-lo? Se desejarem, a criança é sua.

- Sim! Sim! Sim! Vamos hoje mesmo! - foi a minha resposta.

Foi difícil conter a emoção daquele momento. Avisei a Vânia, preparamos uma troca de roupa, arrumamos as meninas Thais e Priscila, que ficaram muito animadas com a notícia, e saímos às pressas ao encontro de nosso filho.

Lá, fomos muito bem recebidos pelo juiz da Vara da Infância, que nos explicou toda a formalidade daquele ato. Durante a conversa, perguntamos:

- Por acaso nesta cidade não há outra criança à espera de adoção? Em nosso pedido, nos oferecemos para adotar dois meninos. - O juiz olhou para a assistente social do município e perguntou:

- Esse garoto não tem um irmãozinho de 2 anos?

A resposta foi rápida.

- Tem sim, doutor. Mas o processo de adoção dele ainda não está pronto.

Em seguida o juiz nos disse:

- Se vocês quiserem, podemos tentar preparar a documentação. Se tudo der certo, em vez de um, vocês podem levar dois irmãozinhos.

Até hoje me emociono ao lembrar daquele momento. Sentimos que a mão invisível de Deus estava presente preparando cada passo. Como poderíamos saber que naquela pequenina cidade havia dois irmãozinhos esperando por seus pais adotivos?

E foi assim que o recém-nascido recebeu o nome de Felipe. O de 2 anos, Nicholas. Quando voltamos a Campinas, as meninas queriam brincar com o Nicholas.

Logo pensaram "menino gosta de jogar bola" e, assim, arranjaram uma bola.

- Vamos, Nicholas, pegue a bola! - elas diziam.

O menino ficava imóvel.

- Nicholas, venha brincar com a gente!

Sem reação. Nada. O olhar parado no ar.

Vânia, que observava aquela interação, tinha a sensação de que ele não sabia o que significava a palavra "bola" ou a palavra "brincar". Outras vezes, ele ficava sentado no sofá assistindo à televisão e não esboçava um gesto, não emitia um som, nada pedia, nunca sorria. Não havia um diálogo, interação ou comunicação. Logo percebemos que algo não estava bem. Nós nos perguntávamos: "Será que o menino é surdo, mudo ou, quem sabe, autista?". Além disso, ele não tinha coordenação motora nem mesmo para segurar um lápis.

Após uma série de avaliações, os especialistas supuseram que, em seu nascimento, o menino talvez tenha sofrido uma falta de oxigenação no cérebro, que lhe trouxera algumas sequelas.

Além disso, diziam que durante os 2 primeiros anos de vida, Nicholas deve ter ficado isolado, sem interação com outras crianças ou adultos, de maneira que, por falta de estímulos, seu desenvolvimento cognitivo ficou bastante comprometido. A partir do momento em que passou a ir à escola, professoras e coordenadoras notaram que havia um atraso em seu processo de aprendizagem, de assimilação e de captação. Até mesmo quando jogava *video game*, ele chamava Felipe, que era 2 anos mais novo do que ele, para ajudá-lo a passar de fase.

Mais tarde, Nicholas foi diagnosticado com certo grau de autismo, ou síndrome de Asperger. A partir dessa constatação, Nicholas passou a ser um aluno de inclusão e precisava de professores especiais. No entanto, as escolas em geral não entendiam e não atendiam sua necessidade. Muitas vezes, se recusavam a dar um atendimento diferenciado. Por essa razão, a cada ano ele era transferido para uma nova escola. Ao todo, passou por seis escolas diferentes. Seu irmão, Felipe, que não tinha nenhuma dificuldade de aprendizagem, solidário ao irmão, o acompanhava a cada mudança de colégio. Somente contando com o apoio de dezenas de professores particulares contratados, Nicholas conseguiu se formar no Ensino Médio quando completou 20 anos.

Isso tudo para nós não era visto como um desafio. Fazia parte de nossa missão, do compromisso que tínhamos assumido de, como pais, sermos para ele o porto seguro que o guiaria para uma vida em que pudesse desenvolver todas as suas capacidades.

Após sua formatura no Ensino Médio, ele teria um grande desafio pela frente. Desde a infância Nicholas e Felipe diziam que quando chegasse a idade certa, ambos iriam servir em uma missão. Para ser aprovado para o serviço missionário, o jovem se submete a uma série de exames para avaliar suas condições físicas e emocionais. Felipe passou por todas as entrevistas, exames médicos e logo foi liberado para o serviço missionário, recebendo o chamado do profeta na sede da Igreja em Utah. Foi designado para passar 2 anos na missão Irvine, na Califórnia, nos Estados Unidos.

E que tal Nicholas? Em sua mente nunca teve qualquer dúvida de que seria um missionário como seus pais, seus irmãos mais velhos, seus colegas da Igreja, e até mesmo como Felipe, que já estava com a designação em mãos. Por outro lado, Vânia se questionava, se preocupava, perdia o sono, ficava aflita pensando nisso.

E se ele não for aprovado?

Qual será sua reação?

Será que ele vai entender?

Como ele vai se sentir?

Vai entrar em depressão?

Vai superar?

Vai se sentir mais inferiorizado?

E seus amigos, o que vão dizer?

Vão discriminá-lo ainda mais?

E ao mesmo tempo ela questionava a própria capacidade do filho.

Será que ele está apto?

Terá maturidade para lidar com as normas e com o rigor da missão?

Irá se relacionar bem com seus companheiros?

Será que está pronto para tomar decisões e ser um jovem autônomo?

Será uma experiência positiva, saudável e satisfatória para ele?

Todos esses dilemas não saíam da cabeça da mãe que havia assumido a adoção desse garoto com a intenção de ajudá-lo a superar todos os seus desafios. Sabíamos que era nossa missão, como pais, apoiá-lo a atingir seu potencial máximo, porém sem causar expectativas irreais em seu íntimo.

Talvez pela minha natureza mais racional, mantinha certo grau de confiança, de fé e de otimismo de que tudo ficaria bem. Finalmente, foi agendado um dia para Nicholas ir a São Paulo se encontrar com um médico para avaliar sua capacidade psicológica. Eu e Vânia ficamos do lado de fora da sala, na torcida para que tudo corresse bem. A sensação era semelhante ao pai que aguarda a chegada do filho na maternidade.

Daquela sala, sairia o decreto sobre o destino de um jovem. Ou ele seria aprovado e seguiria rumo à realização de seu sonho, ou entraria em um estado de frustração por ter falhado em sua expectativa de fazer esse tão desejado trabalho voluntário.

Após quase uma hora de espera, Nicholas e o médico saíram da sala. Eu e Vânia estávamos ansiosos por um comentário, uma palavra, uma definição. Tudo o que queríamos ouvir naquele instante era "SIM!" por parte do médico. No entanto, ele não fez nenhum comentário, não disse nada, não nos deu qualquer sinal de esperança. Apenas falou: "Em duas semanas vocês vão receber o resultado". Angustiada, Vânia chorava por dentro. Sem querer transparecer ao filho sua apreensão, confortava-o dizendo que a vontade de Deus prevaleceria. Mas, no fundo, tanto eu como ela já antevíamos o resultado. Logo começamos a imaginar de que maneira lidaríamos com aquela situação. Finalmente, quando recebemos a resposta negativa, não tivemos coragem de transmiti-la de imediato ao Nicholas, porque estava ansioso na certeza de que em breve partira para "sua missão".

Nos momentos decisivos de nossa trajetória, a inspiração, o posicionamento e a firmeza da Vânia sempre tiveram grande impacto em nosso destino. Após meu primeiro semestre na faculdade nos Estados Unidos, quando recebi notas péssimas, decidido a abandonar tudo e voltar ao Brasil, comuniquei a ela minha intenção.

Naquele instante, Vânia foi firme: "Enquanto você não se formar, nós não voltaremos". Depois da formatura, quando eu trabalhava numa empresa em Ohio, um amigo indiano me convenceu a ficar nos Estados Unidos e me tornar um cidadão norte-americano. Quando levei a ideia à Vânia, ela foi taxativa: "Negativo! Vamos voltar ao Brasil e você vai fazer América no Brasil".

Na hora de abrir a escola, ela trabalhava ao meu lado desde a manhã até altas horas da noite. No início do negócio, quando tomamos dinheiro emprestado do banco, foi ela quem assumiu o caixa da empresa até pagar o último centavo ao banco.

Então, eu sabia de sua índole, de seu caráter. Sobretudo conhecia sua maneira de lidar com situações como aquela, que exigiram autocontrole e a tomada de decisões difíceis.

E como daríamos aquela notícia ao Nicholas? Um dia, Vânia acordou pela manhã com um semblante iluminado, como se despertasse de um sonho maravilhoso. Mas não foi um sonho, foi uma impressão que lhe ocorreu naquela manhã.

- Carlos, já sei o que vamos fazer. Já tenho a resposta. Já sei como lidar com essa questão do Nicholas.

Fiquei surpreso e curioso ao mesmo tempo.

- Então me diga de uma vez, pois agora quem está aflito e angustiado sou eu, sem saber o que falar ao nosso filho?

Ela parecia ter a certeza na ponta da língua.

- Nossa! Como não pensamos nisso antes? Você sabe que na Igreja há a condição de um casal fazer uma missão. Então que tal nós dois nos oferecermos para cumprir uma missão?

- Sim, mas e o Nicholas? - perguntei.

- Ele vai junto com a gente - ela respondeu. - Ele vai nos acompanhar. Nós três vamos ao mesmo tempo, ao mesmo destino.

- Mas será que a Igreja aceita essa condição? - foi a minha indagação.

- Por que não? Vamos estar com ele o tempo todo. Quem melhor que os pais para cuidar de um filho?

- É mesmo. Faz sentido. Mas espera aí... Você está sugerindo que eu e você deixemos a família, filhos, netos, casa, empresas, negócios e sigamos para um lugar desconhecido sem saber ao certo para onde e para quê?

- É isso mesmo. Afinal, Deus nos deu tudo que um dia imaginamos e muito mais. O que um pai e mãe não fazem para atender a necessidade de um filho? Ele é jovem. Tem tudo pela frente. Essa é a realização de um sonho para ele. Não vamos roubar essa oportunidade dele.

Disse à Vânia que iria falar com o Lincoln, um dos gêmeos. Eu queria ouvir qual era a sua impressão sobre esse plano. Ele apoiou a ideia de imediato, mas disse que era melhor se informar mais sobre aquela possibilidade:

- Sinceramente, pai, nunca ouvi uma situação semelhante antes. Mas se você me permitir, em consideração a seu pedido, posso fazer uma consulta e verificar se há essa possibilidade.

Agradeci seu apoio e dei carta branca para ele fazer uma pesquisa.

A Igreja de Jesus Cristo dos Santos dos Últimos Dias conta com uma Presidência da Área Brasil, situada em São Paulo. Quando Lincoln ligou ao presidente da Igreja do Brasil, a conversa foi mais ou menos assim:

- Lincoln, você acredita em milagres? - perguntou o presidente, do outro lado da linha.

-Sim, claro que sim. Mas por quê? - perguntou Lincoln, curioso.

- Você acredita que Deus conduz sua obra? - continuou o presidente.

- Plenamente acredito.

- Então vou lhe contar algo. Faz meia hora que terminamos uma reunião. Tivemos um sentimento de que deveríamos chamar um casal para uma missão humanitária para atuar na divisa do Brasil com a Venezuela com o objetivo de acolher os refugiados. Não tínhamos nenhum casal em mente. Apenas oramos, buscando a inspiração para saber quem deveríamos chamar. Só podemos pensar que sua ligação foi a resposta de nossa oração.

No momento em que ouvimos esse relato, nosso coração se encheu de emoção, de gratidão e de alegria. De forma incompreensível, naquele momento nós sabíamos que Deus estava mais uma vez guiando nossos passos. Era um milagre.

Na mesma semana, eu e Vânia fomos entrevistados em São Paulo pelo élder Marcos Aidukaitis, que, naquela ocasião, era a autoridade máxima da Igreja no Brasil.

- Então, vocês aceitam esse chamado? - ele perguntou, já sabendo de nossa resposta.

- Sim, gostaríamos de servir como voluntários por 1 ano.

Então veio o inesperado:

- Mas precisamos de vocês por 2 anos, não 1. O que vocês me dizem?

Aquele momento não deixava dúvida de que a missão seria um simples desafio, não seria para atender uma conveniência nossa, mas, sim, para cumprir um plano divino.

- Se essa for a vontade de Deus, estamos prontos para servir.

- Tenho certeza de que será uma experiência inesquecível para vocês e para seu filho Nicholas - prometeu o presidente.

- Quando começamos? - eu perguntei.

- O mais breve possível, pois a situação em Roraima está muito crítica - concluiu.

Sabíamos que iríamos passar os meses de abril e maio no Canadá, pois o Nicholas faria um curso de desenvolvimento cognitivo em Toronto. Em junho e julho daquele ano, nós iríamos com nossos filhos e netos para Moscou, assistir à Copa do Mundo.

- Podemos começar em agosto? - eu perguntei.

- O.k., combinado. Em agosto vocês começam.

Em seguida, ele nos explicou que a Igreja tem um comprometimento especial com pessoas refugiadas em várias partes do mundo: na Síria, no Norte da África, no Haiti, e que agora era a hora de cuidar dos refugiados venezuelanos. Aquelas eram pessoas que se encontravam em um estado de vulnerabilidade extrema. Sem comida, sem água, sem luz, sem trabalho, sem escola para os filhos, sem atendimento médico, enfim, sem condições mínimas de dignidade humana.

Quando explicamos tudo isso ao Nicholas, ele compreendeu, aceitou e ficou animado para seguir rumo a Roraima. No dia 3 de agosto de 2018, eu, Vânia e Nicholas partimos para Boa Vista na certeza de que estávamos fazendo o que era certo. No coração, tínhamos uma convicção. Estávamos atendendo a um chamado divino. Esse era o plano que Deus havia preparado para trilharmos naquele momento de nossas vidas.

Nos meses que antecederam nossa ida a Roraima, muitas vezes, enquanto me preparava mentalmente para a nova missão, enquanto meditava sobre tudo o que estava acontecendo, na calada da noite, eu refletia:

O que teria acontecido se Nicholas tivesse pegado a bola?

Se ele tivesse brincado imediatamente com as irmãs?

Se ele tivesse passado na avaliação médica?

Nesses momentos de profunda reflexão, uma passagem da Bíblia me vinha à mente:

> **"Porque os meus pensamentos não são os vossos pensamentos, nem os vossos caminhos os meus caminhos, diz o Senhor. Porque, assim como os céus são mais altos do que a terra, assim são os meus caminhos mais altos do que os vossos caminhos, e os meus pensamentos, mais altos do que os vossos pensamentos." (Isaías 55:8-9)**

Algumas pessoas não acreditam em milagres. Outras acreditam. Eu acredito que tudo é um grande milagre.

Albert Einstein

4

BEM-VINDO A RORAIMA

- Senhores passageiros, quem vos fala é o comandante. Estamos iniciando nosso procedimento de descida. Dentro de instantes pousaremos em Boa Vista. Coloquem os assentos na posição vertical, fechem a mesinha à sua frente e apertem o cinto de segurança. Tripulação, preparar para pouso. Temperatura local: 35 graus.

Pegamos as malas e quando saímos na área de desembarque, para nossa surpresa, nos deparamos com o presidente Caetano e sua esposa, Sister Caetano, o casal que supervisionava o trabalho de duzentos jovens missionários nos estados do Amazonas, de Roraima, de Rondônia e do Acre.

- Que coincidência nos encontrarmos aqui no aeroporto! - dissemos.

- Coincidência, não! Eu e minha esposa viemos de Manaus para recepcioná-los. - E então, dirigindo-se a meu filho: - E você, Nicholas, toma aqui sua plaqueta de missionário. Já temos um companheiro esperando por você.

Fiquei surpreso e apreensivo com aquela resposta imediata do presidente da missão. Será que ele não sabia da condição especial de Nicholas?

Mais tarde, ele me explicou que havia se sensibilizado com nossa decisão de partir em missão com objetivo de proporcionar essa experiência única a nosso filho. Diante desse fato, ele disse: "Sendo que os pais estão aqui na cidade, vamos deixar o Nicholas ficar com um companheiro por algumas semanas, talvez um mês. Ele seguirá as rotinas, padrões e normas da missão.

Se algo inesperado acontecer, algum imprevisto, imediatamente ele irá ficar com vocês. Porém, se tudo der certo, podemos tentar um segundo mês e assim por diante. Em outras palavras, o Nicholas ficará nas mãos de Deus".

Isso significava que Nicholas não seguiria conosco. Ele teria um companheiro designado, uma área específica de atuação; ele e seu companheiro seguiriam seu próprio programa de estudo e de trabalho. Nicholas apenas nos procuraria se porventura surgisse algum contratempo, imprevisto, emergência, uma situação fora do controle, fosse de natureza emocional, pessoal ou interpessoal.

Surpresos e felizes ao mesmo tempo, eu e Vânia aceitamos, apoiamos e agradecemos ao presidente Caetano por essa condição inesperada de apoio ao nosso filho. E, a partir daquele momento, passamos a orar todos os dias para que Deus desse a Nicholas e seu irmão Felipe, que estava na Califórnia, toda a sabedoria, a inteligência, a proteção e as experiências positivas necessárias para aquele período.

Era a primeira vez que estávamos em Boa Vista. Fomos morar no Varandas do Rio Branco, o único edifício residencial da cidade. Saímos de uma casa com mais de mil metros quadrados para morar num pequeno apartamento.

Aqui vale um adendo: Uma das maiores frustrações de minha esposa após o casamento foi descobrir que seu marido não tinha qualquer habilidade para fazer reparos simples na manutenção da casa. A Vânia sempre gostou de reformas, obras, construção. Tudo isso para ela é muito natural, como uma terapia. Para mim, é um verdadeiro suplício. Nunca tinha colocado um simples quadro na parede. Foi por isso que conhecemos, em Boa Vista, Geraldo Vasconcelos. Vânia precisava instalar máquinas de roupa, secadora, ar-condicionado, lustres, internet, serviços básicos da casa. E foi Geraldo quem resolveu tudo rapidamente.

Logo perguntei a ele:

- Geraldo, qual é sua profissão? Onde você trabalha?

Com um sorriso largo e cara de contente, ele respondeu sem pestanejar.

- Eu trabalho por conta, faço bico quando aparece.

- Vou passar 2 anos aqui em Roraima. Você não quer ser meu assistente? - perguntei.

O Geraldo é uma pessoa calma na maneira de falar e de se expressar. Logo em seguida perguntou:

- Mas para fazer o quê?

A verdade é que a resposta nem eu sabia. Mas era nítido que precisava de alguém com aquele perfil ao meu lado. Uma pessoa de bom coração, apta para qualquer desafio.

- Bem, ao certo eu não sei, pois acabei de chegar na cidade. Mas será uma missão humanitária, vamos ajudar os venezuelanos que chegam a Roraima.

- Ah, entendi. Você vai abrir uma empresa na cidade para dar empregos para esse pessoal - ele comentou.

- Não, Geraldo, não vim aqui para fazer negócios. É um trabalho comunitário. Ainda não sei ao certo o que vou fazer, mas vamos descobrir juntos.

- Já ouvi falar muito de seu nome. Não sei qual é seu plano, mas eu topo. Quando começo? - ele respondeu.

- Você já começou. Seja bem-vindo à missão humanitária de Roraima.

Com um aperto de mão, demos início àquela parceria.

O Geraldo nasceu no Amazonas e, quando a crise venezuelana estourou, mudou-se para Boa Vista. Fico emocionado ao perceber que onde existem as maiores necessidades, também estão os maiores corações. Corações que amam o desconhecido, que são capazes de socorrer um necessitado, e podem fazer ao próximo mais em um dia do que alguns fazem em toda uma vida.

Ainda na primeira semana em Boa Vista, a Vânia me convidou para ir comprar alguns artigos domésticos. Nos recomendaram ir à loja Sguario. Quando estávamos saindo do local, indo ao caixa pagar a conta, fui interrompido.

- Desculpe, mas você é o Carlos Wizard?

- Sim, sou eu mesmo. E você como se chama?

- Eu sou o Carlos Rafael Goiano Rocha, sou franqueado da Pizza Hut em Manaus.

- Ah, que bacana. Então somos parceiros de negócios.

- O que o traz a Roraima? Vai fazer algum investimento? Está prospectando o mercado? - ele perguntou.

- Não, não é nada disso - respondi, sem dar muitas pistas.

- Então veio comprar algumas terras, aproveitar que as terras aqui estão com preços bons? - ele estava curioso.

- Também não. Estou aqui com minha esposa numa missão humanitária. Mais tarde posso lhe explicar do que se trata.

Muito cordial, gentil e educado, Rafael (como gosta de ser chamado) nos convidou para almoçarmos juntos e conhecer sua esposa Adilane. Foi assim que nasceu uma amizade que perdurou pelos vinte meses que passamos em Roraima.

Conforme fomos nos conhecendo melhor, ele confessou que no primeiro dia que me viu na loja Sguario, jamais imaginou que eu estaria ali em Roraima num trabalho comunitário. Ele e sua esposa ficaram admirados ao saber que era possível praticar a caridade, mesmo sendo um empresário com tantos negócios. A ideia que eles faziam de mim era a de um homem racional que não olhava para o próximo e nem para o lado espiritual da vida e, aos poucos, admitiram que aprenderam a mudar isso também na vida deles. Os dois eram muito focados no trabalho e negligenciavam o lado espiritual. Conforme nos aproximamos cada vez mais, eles percebiam que a nossa força interior era proveniente da fé e que se abastecer desta força era uma questão de escolha. Todos poderiam escolher reservar momentos para Deus em suas vidas e também refletir sobre o que é possível fazer para o próximo.

Então, decidiram começar a frequentar as reuniões da Igreja conosco aos domingos, e perceberam como a vida deles passou a ser mais leve, mais equilibrada. Rafael me dissera, certa vez:

– O fardo continua pesado, mas sinto que tenho mais força para conduzir minhas decisões pessoais e empresariais, com mais calma, mais clareza, e tenho mais discernimento ao estabelecer prioridades.

Adilane, por sua vez, passou a fazer contato com colegas que doavam medicamentos e ajudou-nos na causa humanitária de apoio aos refugiados. Desta forma, começou a se envolver e a participar do serviço ao próximo.

Quando perceberam que estavam em sintonia cada vez maior com Deus, tomaram outra decisão: depois de uma união de 19 anos, decidiram se casar.

No dia 9 de agosto de 2019 eles se casaram e, no dia seguinte, pediram para ser batizados na Igreja de Jesus Cristo dos Santos dos Últimos Dias.

Logo de início, observamos que o mais difícil era encontrar um roraimense em Boa Vista. Para falar a verdade, acho que a proporção é de um roraimense para cada dez habitantes. Lá tem gaúchos, paranaenses, cariocas, cearenses, amazonenses, piauienses, maranhenses. Tem gente de todo Brasil.

Outra observação é que em Roraima não há muitos meios de sobrevivência. A maioria dos trabalhadores são servidores públicos. Em Boa Vista se concentram todos os órgãos federais, estaduais e, é claro, os municipais do

Estado. O restante trabalha no comércio local ou recebe ajuda dos programas do governo federal. Não há indústria ou empresas de médio ou grande porte. Além disso, 80% do território de Roraima é demarcado como reserva indígena.

Para se ter uma noção da influência indígena no estado, na rodovia que liga Boa Vista a Manaus, de cerca de oitocentos quilômetros de extensão, existe um trecho de aproximadamente duzentos quilômetros de reserva indígena (do povo Waimiri Atroari) por onde somente é permitido trafegar das seis da manhã até as seis da noite. Nas outras doze horas a rodovia é fechada pelos indígenas com autorização da Funai. De acordo com o que me disseram, isso é para não incomodar o sono deles.

Diferentemente do que muitos de outras regiões do Brasil podem pensar, encontramos em Boa Vista uma capital planejada, moderna e com avenidas largas; enfim, uma cidade bem cuidada e limpa.

Já estávamos com a casa pronta, compras feitas, tudo em ordem para darmos início ao trabalho a que nos propusemos. Certa noite, antes de nos deitarmos, a Vânia me perguntou:

- Carlos, que dia exatamente chegamos a Boa Vista?

Peguei o celular, olhei o calendário e conferi:

- Chegamos aqui no dia 3 de agosto de 2018.

A Vânia estremeceu, se emocionou e, com a voz embargada, se lembrou:

- Que coisa incrível. Que coincidência. Foi exatamente 20 anos atrás, no dia 3 de agosto de 1998, que nossos filhos gêmeos sofreram o acidente de carro, que resultou na chegada do Nicholas ao nosso lar. E agora, nessa mesma data, ele inicia sua missão e, consequentemente, estamos juntos em Roraima unidos nessa causa humanitária.

Emocionados por essa incrível coincidência de datas, naquele momento me veio à mente uma reflexão de Neal A. Maxwell: "Podemos chamar esses acontecimentos de coincidências. Essa palavra é compreensível para seres mortais, mas 'coincidência' não é a palavra adequada para descrever as obras de Deus. Ele não faz nada por coincidência, mas faz tudo com um propósito divino".

**O mundo não será destruído
por aqueles que fazem o mal,
mas por aqueles que observam
o mal e não fazem nada.**

Albert Einstein

5

OPERAÇÃO ACOLHIDA

Imagine agora que você foi transportado a um lugar remoto do planeta, lotado de refugiados. Tente visualizar centenas de pessoas chegando todos os dias. Estão com as roupas surradas, alguns carregam uma malinha, outros levam uma mochila nas costas como bagagem. Chegam sem lugar certo para ficar, sem lugar para se banhar, sem lugar para comer, sem lugar para passar a noite. Vão chegando em busca de refúgio e de abrigo, se aglomerando em volta da rodoviária e das igrejas. O dia escurece e esses refugiados vão se acomodando ao relento, uns encostados aos outros, alguns dormindo em cima de papelões; são mães com filhos pequenos, outras estão amamentando bebês de colo; são crianças, jovens, adultos, idosos. Todos estão sujeitos às intempéries do tempo, expostos à chuva que caía na madrugada ou às altas temperaturas durante o dia. Imagine, agora, que chegou meio-dia, um sol escaldante na linha do equador, com o termômetro marcando 35 graus e um aglomerado de gente se forma em volta de um caminhão que está estacionado ao lado da rodoviária para distribuir marmitas a quem não tem nada para comer. Visualize centenas de pessoas se empurrando, tentando se aproximar de um caminhão, com medo de que falte comida e alguém da família fique sem comer naquele dia. Essa foi a cena que encontramos em agosto de 2018, quando aterrissamos em Boa Vista.

Nas primeiras vezes que fomos ao supermercado fazer compras, era comum estarmos na fila do caixa e, quando olhávamos para trás, vermos uma mãe jovem, com uma criança no colo e alguns poucos itens de comida numa cestinha. Na hora de passar no caixa, ela perguntava:

- Moço, dá para pagar essa comida pra gente? Meu bebê está com fome.

Em momentos como esses, você olha para seu carrinho, cheio de comida, olha para trás e vê o vazio no olhar daquela mãe, com esperança de que um bom samaritano poderá lhe aliviar a dor, comprando alguns itens básicos. E àquela criança desnutrida no colo, como negar o alimento diante de tal penúria?

Uma das primeiras pessoas que conheci foi a empresária Áurea Cruz, que abandonou seus negócios para alimentar milhares de pessoas todos os dias na igreja Consolata.

Nos primeiros dias em Boa Vista fui convidado pelo casal Rodrigues, que também conheci ali e que estava de partida de Roraima, para participar da reunião de coordenação das agências parceiras da Operação Acolhida. Nesse encontro quinzenal, reuniam-se representantes de dezenas de agências nacionais e internacionais que davam apoio aos refugiados.

Foi ali que me deparei com o Kanaan, um dos militares mais humanos que já tive a satisfação de conhecer. Era a primeira vez que eu trabalhava em conjunto com uma operação militar. E, sem experiência alguma, logo cometi um erro ao me dirigir ao Kanaan, que era o coronel-chefe, braço direito do general Eduardo Pazuello, autoridade máxima de coordenação de toda a Operação Acolhida.

- Então, tenente Kanaan, eu me chamo Carlos, essa é a minha esposa Vânia, e pelos próximos 2 anos estaremos ao seu lado, para auxiliá-lo no que for preciso.

Ele me olhou de um jeito estranho e deve ter pensado: *De onde apareceram esses dois, que nem ao menos sabem distinguir a patente de um tenente para a de um coronel das Forças Armadas?*

Um ano mais tarde, quando realizei minha festa de aniversário em Boa Vista, relatei aos convidados alguns fatos pitorescos que tínhamos vivido ali. Contei a eles a história de eu ter chamado um coronel de tenente. Após minha fala, meu amigo Kanaan, que estava na festa, me procurou, voltou 1 ano em nossa troca de mensagens em seu WhatsApp e me mostrou como eu me dirigia a ele, o chamando de tenente. Acho que ele nunca irá me perdoar por essa gafe.

Com o passar do tempo, aprendi a admirar a racionalidade e humanidade do grande coronel Kanaan. Certa vez, lhe perguntei como ele lidava com tantas emoções no dia a dia da Operação Acolhida. Ele compartilhou o seguinte:

- Estamos numa maratona contínua de assistência às pessoas. Às vezes não dá tempo de se emocionar, a gente fica envolvido com a Operação o dia todo, mas quando chego no quarto do alojamento à noite, às vezes desmorono. Daí sinto o peso da responsabilidade de decidir o destino de cada imigrante. Penso com frequência em como uma mãe vai sobreviver com seu filho de colo. Será que ela vai ter como dar comida ao filho com fome no dia seguinte?

Ele me contou que, na véspera de Natal, um grupo de militares encheu um caminhão com cestas básicas para entregar em algumas das ocupações espontâneas e, em um desses lugares, enquanto estavam terminando de distribuir as cestas de alimento, uma criança de 13 anos veio pedir uma cesta para ele. Então o coronel brincou: "Eu troco esta cesta pela sua bicicleta". E o menino, para surpresa do coronel, aceitou a troca e foi em direção à sua mãe e irmã. O coronel e seus colegas ficaram muito comovidos e foram falar com a mãe dele, que estava chorando, e o coronel lhe contou que o menino queria trocar a bicicleta pela cesta de comida. Eles deixaram a bicicleta do menino ali e, na semana seguinte, organizaram uma vaquinha para presentear o garoto com uma nova bicicleta. Ficaram profundamente comovidos com aquela atitude.

Essa pequena história ajuda a descrever o espírito de humanidade de centenas de militares que esquecem por um instante a farda verde-oliva ou sua patente nas Forças Armadas e tratam o refugiado com dignidade e respeito.

Nos dias seguintes, o casal Rodrigues nos acompanhou até a cidade de Pacaraima, que entrou no mapa brasileiro depois do início do fluxo migratório venezuelano. Situada ao norte do estado de Roraima, na divisa com Santa Elena do Uairen, Pacaraima é a porta de entrada para centenas de imigrantes que cruzam a fronteira diariamente. Sua população no censo de 2017 era de 12.500 habitantes. Em 2019, foi a cidade que mais cresceu proporcionalmente no Brasil. Teve um acréscimo de 2 mil habitantes. Se mantiver esse ritmo de crescimento, em 5 anos a cidade terá quase o dobro de seu tamanho atual.

Em Pacaraima, o imigrante, atendido pelas Forças Armadas e agências internacionais, recebe vacinas e os documentos necessários para seguir viagem na condição de refugiado ou de residente temporário no país.

Talvez você nunca tenha estado diante de um refugiado. Mas é indescritível observar o olhar de esperança ou de desesperança de alguém que cruza a fronteira sem nada nos bolsos. O refugiado traz consigo os dilemas de começar uma vida do zero e, no fundo da alma, as dores latentes de um passado que, se fosse possível, preferiria esquecer.

Já vi pessoas saírem do Brasil para fazer peregrinações pela Ásia, para fazer longas caminhadas na Europa, para refletir longe de tudo e de todos, com o objetivo de se encontrar na vida. Eu diria que qualquer pessoa que sofre de ansiedade, de angústia, ou de depressão, e está em busca de encontrar equilíbrio e paz interior, deveria passar uma semana visitando os campos de refugiados em Roraima. Em vez de aflição de espírito, voltará para casa com o coração cheio de gratidão.

De volta a Boa Vista, fomos conhecer a prefeita Teresa Surita e parabenizá-la por sua gestão. Afinal, apesar de todo o fluxo migratório, encontramos uma cidade limpa, muito bem cuidada, com trânsito tranquilo. Em dez minutos é possível chegar a qualquer ponto da cidade.

A prefeita Teresa, em seu quinto mandato, recebia os venezuelanos desde outubro de 2016, quando os primeiros imigrantes começaram a chegar à cidade em busca de refúgio. Na época, as Forças Armadas ainda não estavam em Boa Vista (embora as conversas com Brasília já existissem em torno daquela situação inédita, a burocracia para viabilizar uma operação ainda era grande).

Pouca gente sabe, mas foi a própria prefeitura de Boa Vista que viabilizou a terraplanagem e a iluminação dos abrigos que seriam construídos a partir de então, além de arcar com os custos de aluguel nos primeiros meses.

A prefeita nos explicou que muitos moradores da cidade reclamavam por terem perdido um espaço de qualidade, que agora disputavam uma vaga de trabalho, uma vaga na escola, ou uma consulta médica com os venezuelanos, e ela estava ciente de que o processo de imigração não ia parar tão cedo. O impacto na área da saúde podia ser constatado nos leitos de maternidade da cidade, onde, a cada mês, havia cerca de novecentos partos, dos quais 250 eram de mulheres venezuelanas.

Como conviver com uma nova realidade com a qual não se está acostumado? O desafio fica por conta da prefeitura, que precisa fornecer atendimento médico, remédios e, na área da educação, salas de aulas para as crianças brasileiras e para as venezuelanas.

Afinal, na história brasileira não tínhamos ainda uma cidade isolada do resto do país que recebesse, sozinha, quinhentos imigrantes por dia. A partir desse encontro com a prefeita, começamos a nos inteirar do tamanho do desafio que nos esperava na área humanitária.

Já estávamos em Boa Vista há dez dias e sabíamos que só nesse período mais de 5 mil pessoas haviam cruzado a fronteira. Em relação ao número de imigrantes, a matemática é mais ou menos assim: de acordo com os dados fornecidos pela Polícia Federal durante minha estada em Boa Vista, metade desse pessoal apenas passa por Roraima e segue para outros países da América Latina ou da Europa. Cerca de duzentas pessoas já têm um destino certo em algum estado do país, onde terão um ponto de apoio, seja com um parente ou amigo próximo. Porém, cerca de cinquenta pessoas chegam a Roraima diariamente sem destino, sem apoio, sem referência, sem comida, sem saber para onde ir. Alguns são jovens, outros idosos. Alguns vêm com a família, outros sozinhos. Alguns chegam enfermos ou com alguma deficiência. Muitas são mães solteiras com dois ou três filhos pequenos. Essas cinquenta pessoas que chegam diariamente são chamadas de "desassistidas" ou "vulneráveis". Eram elas que ficavam aglomeradas em torno da rodoviária, em praças ou outros lugares públicos, na esperança de que um milagre acontecesse em sua vida. No entanto, cinquenta pessoas por dia significam 1500 pessoas desassistidas a cada mês chegando a Boa Vista.

Ao nos deparar com essa nova realidade, era como se Deus estalasse os dedos e dissesse: *Carlos, acorda! Essa é sua missão!*, me fazendo abrir os olhos para situações que eu ainda não tinha vivido. Seria ali que eu aprenderia sobre o amor, sobre a fé, sobre a esperança. Aprenderia mais sobre a vida do que poderia supor. E sobre começar do zero. Eu aprenderia, com nossos irmãos venezuelanos, o que era coragem. Coragem de sair da terra natal em busca de esperança.

Sabia também, naquele instante, que aquele não seria um trabalho isolado. Seria um trabalho em equipe com parceiros e voluntários de dezenas de agências do mundo todo, na tentativa de acolher essas pessoas, proporcionar um pouco de paz no coração e alimentar uma barriga vazia.

Naquela época, a Operação Acolhida, sob a coordenação do general Eduardo Pazuello, começava a tomar forma. Sua dedicação incansável traduzia sua trajetória desde a fase de concepção: altamente qualificado do ponto de vista técnico, tinha sido militar tempo o suficiente para conseguir ter inteligência emocional para lidar com as situações mais complexas; mas, ao chegar a Boa Vista, assim que se deparou com a situação degradante em que se encontravam as pessoas, sensibilizou-se e foi tomado por uma forte compaixão. Todas essas experiências deram ao general Eduardo Pazuello o preparo necessário para mais tarde ser nomeado como comandante da décima segunda região militar da Amazônia. Depois ser chamado a Brasília para assumir o cargo de Secretário Executivo da Pasta da Saúde e posteriormente assumir o posto como Ministro da Saúde.

Para ele, atuar como figura central na Operação Acolhida foi um dos maiores desafios com que já se deparou em sua carreira. Ele costumava dizer que comandar quinhentos militares era uma tarefa fácil, mas lidar com a parte humana dos refugiados era o que existia de mais doloroso em toda a Operação.

Se acostumar com tudo aquilo, compreender de que forma lidar e entender como agir integrando sua *expertise* com a das agências internacionais foi um grande passo.

Foi assim que o general se deu conta de que deveria *coordenar* as ações, e não *comandar*. E o verbo *cooperar* passou a fazer parte de seu vocabulário cotidiano a partir de então. A missão tornou-se uma grande cooperação entre agências, sociedade civil e militares. O general deu as mãos a todos que estavam ali, se envolvendo de corpo e alma para agregar à causa. Via que para a operação ter resultado era necessário envolver todos os níveis e dar lugar à mesa de decisão para quem estivesse ali ajudando.

Seu objetivo primeiro era tirar as pessoas das ruas, das praças e da rodoviária e lhes proporcionar o alimento básico e um lugar de acolhimento com dignidade. A partir desse movimento, começaram a ser montados abrigos em diferentes pontos da cidade. Ao todo foram instalados doze pontos de acolhimento em Boa Vista. Alguns com capacidade para acolher quinhentos imigrantes, outros atendendo quase mil pessoas.

Nesses locais, a alimentação é fornecida diariamente, e as pessoas dormem em barracas do Exército feitas de lona ou em barracas de fibra doadas pela ONU, de fabricação sueca, para suportarem baixíssimas temperaturas.

Mas Roraima fica acima da linha do equador. É um dos lugares mais quentes do Brasil. Num dia comum, a temperatura interna dessas barracas ultrapassa os 40 graus. Logo, durante o dia, essa temperatura fica insuportável. Só é indiscutível um fato: os refugiados são taxativos em dizer que preferem passar calor em Roraima a passar fome na Venezuela.

A Operação Acolhida trouxe, em geral, um grande alívio aos imigrantes e moradores de Boa Vista. Quando cheguei, antes que houvesse essa recepção, as pessoas ficavam acampadas nas praças. Inclusive, o ponto principal de encontro era a praça Simon Bolívar. Acho que eles se sentiam em casa nesse local. Mas, de verdade, era uma cena que parecia não ter solução, porque diariamente o número de pessoas que chegavam ali aumentava e eles continuavam não tendo para onde ir.

Mais tarde, mesmo com doze abrigos espalhados pela cidade, ainda assim faltava espaço para acolher tanta gente. Foi então que se criou um espaço de pernoite anexo à rodoviária. Não se tratava de um abrigo, mas era composto por barracas de acampamento do Exército montadas para que as pessoas não passassem a noite ao relento. Pais, mulheres e crianças de um lado, homens solteiros de outro.

Quando chega a noite, as igrejas e instituições assistenciais servem refeições. Para atender a esse fluxo contínuo de pessoas fora dos abrigos, criou-se outra estrutura muito bem organizada também ao lado da rodoviária, e graças ao trabalho de centenas de voluntários, como os do Mexendo a Panela, é servido um almoço - que consiste em arroz fortalecido com nutrientes - e basta entrar na fila com um pote para se alimentar.

Ali, os refugiados se viram como podem. Quem não tem prato, como a maioria das pessoas, leva um pote de margarina ou de sorvete e enche até a tampa para comer logo depois. Repetir a refeição só é permitido quando todos (mais de mil pessoas) já foram servidos e, por incrível que pareça, são as crianças que mais repetem seus pratos. Às vezes, fazem duas ou três refeições no almoço. Talvez porque sabem o que é passar fome e não queiram voltar a sentir a mesma sensação tão cedo.

Se você é pai ou mãe, deve entender o que estou dizendo. Quando me casei, eu ganhava apenas um salário mínimo, como já mencionei. Vânia e eu superamos desafios enormes em busca da sobrevivência. Mas nada pode ser comparado ao olhar de preocupação desses pais que entram em uma fila na busca de alimento para seus pequeninos. Também sempre me emocionei muito ao visitar os abrigos e encontrar tantas crianças brincando no chão coberto de pedra brita, debaixo de um sol escaldante.

Fiquei sabendo que alguns refugiados chegavam a passar meses naqueles abrigos. Se acostumavam a ser reduzidos a números. E eram essas mesmas pessoas que, quando eram chamadas pelo nome, resgatavam a própria identidade e autoestima.

Alguns agentes me diziam que havia planos de o número de abrigos na cidade ser dobrado. Enquanto isso, minha mente não parava de pensar: *Qual é a duração do interminável? Como preencher a monotonia diária num campo de refugiados? Como encarar a vida, sem qualquer perspectiva de futuro?* Roraima não é o destino. É apenas a porta de entrada. O estado não dispõe de indústrias ou empresas de grande porte para oferecer empregos suficientes nem mesmo aos moradores locais, muito menos para essa enxurrada de imigrantes. O refugiado não tem chance de trabalho aqui.

Aquilo tudo parecia uma grande panela de pressão prestes a explodir a qualquer momento. Era um caos. E o meu desejo imediato era o de fazer alguma coisa útil. Não sabia o que, nem como, mas precisava agir. Observando todos aqueles desafios no início da missão, eu não tinha a menor ideia de como organizar tudo aquilo. Tinha um desafio, mas não tinha a solução. Eu sempre acreditei que, quando não sabemos como seguir ou por onde começar, precisamos nos dedicar de corpo e alma até encontrar a solução ou a luz no final do túnel.

Passados alguns dias, certa manhã acordei e parecia haver uma sintonia incrível em meu íntimo. Parecia ter uma conexão perfeita entre o empresário racional implacável em busca de uma solução e o ser humano cujo coração muito se afligia impactado com o sofrimento daquele povo.

Naquele instante, eu sentia que aquela missão havia despertado em mim uma humanidade que eu ainda não tinha tido a oportunidade de desvendar ou de praticar. Que era hora de aplicar todo o conhecimento que eu tinha adquirido ao longo da vida. Era mais que uma missão: era uma prova - daquelas que Deus aplica para ver se você aprendeu direito tudo aquilo que declarou ter aprendido ao longo da vida.

Finalmente, a solução estava diante de meus olhos. Agora precisaria vencer muitos obstáculos até implementá-la plenamente. E é isso que você irá encontrar nas próximas páginas.

Apesar de meu preparo técnico para lidar com assuntos de alta complexidade, quando cheguei a Roraima e me deparei com a realidade dos refugiados, fui tomado por um forte sentimento de compaixão.

General Eduardo Pazuello, Ministro da Saúde

6

FOCO NA SOLUÇÃO, NÃO NO PROBLEMA

– Bom dia, Jeff. Eu me chamo Carlos. Essa é minha esposa, Vânia. Chegamos há quinze dias a Boa Vista com a missão de auxiliar os venezuelanos que chegam ao Brasil em busca de abrigo, refúgio e melhores condições de vida.

Estávamos diante de Jeff Frederick, que, na ocasião, era o representante-chefe do ACNUR (Alto Comissariado das Nações Unidas para os Refugiados). O canadense de Toronto nos recebeu cordialmente em seu escritório.

– E quais são seus planos, Carlos? Como vocês pretendem auxiliar? Já têm algo em mente? – essas foram as primeiras perguntas que ele nos fez.

Expliquei a ele que, durante o período em que estávamos ali, estava claro que a solução para o fluxo migratório da Venezuela não estava no estado de Roraima, e sim compartilhada com os demais estados do país, especialmente nas regiões Sul, Sudeste e Centro-Oeste. Ele ficou nos observando e respondeu, atento:

– Bem, e como você imagina que fará o acolhimento desses imigrantes em outros estados?

A pergunta dele era lógica. Mas eu não sabia qual era a resposta. Não tinha todos os passos ainda. Apenas uma vaga ideia do que seria uma possível solução.

Expliquei a ele que eu não era ligado ao governo, ou a ONGs, que era um empresário e representava a sociedade civil. Através de meus contatos com líderes empresariais, comunitários e religiosos, eu pretendia criar o maior programa nacional de acolhimento dessas famílias que buscavam uma oportunidade de recomeço de vida.

Em seguida, ele me perguntou:

- Ou seja, seu plano é promover a interiorização dos imigrantes?

Interiorização. Era uma palavra nova em meu vocabulário, mas ela passaria a ser o meu maior objetivo, meta, propósito durante os vinte meses que teria de convivência em Roraima.

Expliquei que era exatamente aquilo. Que através da sociedade civil organizada eu queria ser o maior parceiro da Operação Acolhida para promover a interiorização em larga escala.

Ele me observou por uns instantes, depois disse:

- Sua ideia parece ótima. Mas você tem um grande problema pela frente.

Quis saber qual era e ele continuou:

- A Floresta Amazônica! Ela divide Roraima do resto do Brasil. Como você pretende transportar todo esse pessoal para o Sul do país?

Confiando na inspiração divina que sempre me guia em momentos de decisões importantes, eu apenas disse:

- Eu acho que já tenho a solução, mas prefiro não lhe contar agora. Voltamos a falar sobre isso na próxima semana.

Ele só disse que então estávamos combinados e aguardava a solução.

Quando me envolvi com a missão humanitária, eu jamais imaginei que impactaria tantas vidas ao mesmo tempo, que mudaria o destino de tantas famílias, e que a nossa presença em Roraima faria a diferença no futuro de milhares de pessoas.

Assim que decidimos agir no auxílio das pessoas que diariamente nos imploravam por socorro, entendi que não bastava usar o coração, precisávamos de uma solução prática, não apenas algo paliativo. Sim, estávamos sensibilizados com as histórias dramáticas, mas precisávamos, sobretudo, agir. Agir na tentativa de transformar aquela situação toda e de encontrar soluções que trouxessem transformação de vidas.

Era hora de usar meu lado empresário que fazia parte de mim. Usar o intelecto e a minha capacidade estratégica para viabilizar uma saída para aquele número de refugiados que aumentava a cada dia.

Na busca de uma solução plausível para a questão de transporte citada por Jeff Frederick, um nome circulava em minha mente: David Neeleman. Mesmo assim, eu hesitava em contatá-lo, pensando: *Será que ele vai entender? Será que ele vai me atender? Será que ele vai nos ajudar? Como abordá-lo?*

David, cujos pais são norte-americanos, nasceu em São Paulo em 1959. Até os 5 anos foi criado no Brasil. Depois se mudou com a família para Utah, nos Estados Unidos. Aos 19 anos voltou ao país na condição de missionário da Igreja de Jesus Cristo dos Santos dos Últimos Dias. Passou 2 anos no Nordeste brasileiro fazendo ações sociais.

Neeleman passou a maior parte de sua trajetória profissional no mundo da aviação. É o fundador de várias companhias aéreas, entre elas: Morris Air, WestJet, JetBlue e Azul Linhas Aéreas.

Uma característica pessoal do David é que ele sofre do transtorno de déficit de atenção. Eu sabia que não podia levar mais que um minuto para chamar a sua atenção. Por isso, quando liguei para ele em Connecticut, fui direto ao ponto:

- Olá, David, estou precisando de um favor seu.

- Pois não, Carlos. Como posso ajudá-lo?

- Faz um mês que cheguei a Roraima com minha esposa. Vamos passar 2 anos aqui, numa missão humanitária de acolhimento dos refugiados venezuelanos. Precisamos de seu apoio no transporte aéreo dessas pessoas.

- Ah, entendi. Você está querendo comprar passagens com desconto. É isso?

Sua resposta era o raciocínio lógico de um empresário.

- Não, David. Pensei em algo diferente. Todos os dias parte um voo da Azul de Boa Vista. Gostaria de saber se você poderia oferecer gratuitamente os assentos vagos do voo para os refugiados venezuelanos. Se houver um assento livre, eu uso esse assento. Se houver cinco, uso os cinco. Se não houver nenhum, nenhum refugiado viaja.

- Você imagina que vai precisar de quantas vagas nessa condição? - ele perguntou.

- Sinceramente, não sei dizer. Acabei de chegar aqui. Mas posso garantir que todos os dias teremos algum passageiro. Mas não importa o número, David. Se você puder oferecer o voo gratuito para uma única família por dia, já será uma contribuição imensa para essa causa humanitária.

A resposta que viria a seguir me deu esperança.

- O.k., eu topo. Baseado numa condição.

- Pois não. Pode falar.

- Desde que as outras companhias aéreas também participem desse programa.

Essa condição não me surpreendeu. Daí lhe disse:

- Você tem razão. Se estivesse em seu lugar, eu faria o mesmo. Mas se você concordar vou lhe propor algo, David. Que tal a Azul sair na frente e dar início ao apoio a essa causa humanitária e, após dois meses de operação, eu bato na porta da Gol e da Latam?

- Excelente. Vamos fazer isso. Pode contatar John Rodgerson, CEO da Azul em São Paulo, e vamos fazer o possível para contribuir com essa causa.

Após conversar com John, fiz contato com Paulo Portugal, o gerente da base Azul no aeroporto em Boa Vista. Eu o convidei para um almoço com sua esposa Henriqueta Cristina, no restaurante Riu. Eu e Vânia apresentamos o plano para ele. Portugal se demonstrou solidário e comprometeu-se a colaborar juntamente com sua equipe para o êxito do programa. Diariamente, ele nos avisava como estava a ocupação do voo. De acordo com as vagas disponíveis, eu e Vânia íamos ao abrigo, colocávamos os refugiados no carro e os levávamos ao aeroporto. Tínhamos a expectativa de transportar uma família por voo. Mas às vezes o Portugal nos surpreendia com a notícia:

- Carlos, amanhã pode trazer vinte passageiros. O voo está bem tranquilo.

A cada família que embarcava era uma grande comemoração. Tirávamos fotos, nos abraçávamos, chorávamos juntos. Nunca esquecerei de uma cena, quando chegou a vez de embarcar uma família com três filhos e, na hora do check-in, a atendente da Azul orientou:

- Podem colocar a bagagem na balança.

A razão dessa pergunta eu sabia muito bem. Não poderia haver excesso de peso das malas. O chefe da família colocou na balança sua bagagem. Tudo que tinha era um saco plástico que pesava pouco mais de cinco quilos.

Vânia e eu ficamos sem palavras diante daquela família que partia para começar uma nova vida. Fugiram da fome de seu país e tudo que lhes restava era um saco plástico com poucos quilos de bagagem.

Com embarques diários, nesse ritmo logo fomos atingindo o embarque do passageiro de número cem, depois duzentos, trezentos, quinhentos... A cada conquista reuníamos a equipe da Azul, coordenada pela Ivina Marques, para um jantar; às vezes era uma pizza, às vezes era um almoço ali mesmo, no aeroporto, às vezes trazíamos todos os colaboradores para nossa casa para um churrasco. Pois sabíamos que cada membro da equipe era importante nessa missão de acolhida e transporte dos refugiados.

Depois de sessenta dias fui a São Paulo me reunir com Eduardo Sanovicz, presidente da ABEAR (Associação Brasileira das Empresas Aéreas). A intenção agora era sensibilizar os acionistas e diretores das demais empresas. O Eduardo se mostrou favorável à causa e agendou uma visita na sede da Gol, situada ao lado do aeroporto de Congonhas. Fui recebido pelo CEO Paulo Kakinoff e pelo presidente Constantino de Oliveira Júnior. Ambos ficaram impressionados com a magnitude da missão, e sensíveis à causa, e concordaram com o programa. Quando falei com os diretores da Latam, o Sanovicz já havia tratado do assunto, e eles não quiseram ficar de fora e toparam na hora.

De volta a Boa Vista, me reuni com Sheila Barbosa, gerente da Gol na época, e com a Eline Carvalho, gerente da Latam. Assim, demos início à parceria com as três empresas que atendem Boa Vista. Enquanto o voo da Azul partia às 13h50, os voos da Gol e Latam partiam à 1h50 da manhã. Passei a fazer viagens diárias ao aeroporto nesse horário para acompanhar os passageiros. Eu levava também um lanchinho, preparado em casa pela Vânia, para eles não passarem fome na viagem.

De repente, um telefonema, recebido no início de 2019, me abalou.

– Olá, Carlos, quem está falando é Claudio Pereira. Sou diretor da Gol Linhas Aéreas e estamos passando por uma auditoria na governança corporativa. Os auditores estão nos questionando qual é a natureza jurídica desse acordo com os venezuelanos, recebidos pelo Exército em Roraima, atendidos pelo programa federal de interiorização, sendo coordenado por Carlos Wizard, que não possui vínculo jurídico com o governo ou com o Exército. Para os auditores essa relação não está clara, não está transparente.

Naquele instante eu gelei. O que vai acontecer agora? Será que vão interromper o programa? Com a mente sempre voltada à solução, logo perguntei:

- Mas o que é necessário fazer para resolver essa questão, Claudio?

- Precisamos reunir as três companhias aéreas, levar esse assunto a Brasília, solicitar que seja firmado um acordo pela Anac e pela Casa Civil dando anuência a esse transporte gratuito.

Em seguida um temor me veio à cabeça: *Será que os refugiados vão continuar viajando enquanto se resolve a burocracia de Brasília?* Hesitei, mas perguntei:

- Concordo que é importante formalizar esse acordo. Mas, enquanto isso, o programa de apoio aos refugiados não será interrompido, certo?

- Claro que não, Carlos. Não queremos descontinuar o programa, apenas formalizar. Mas tem mais um detalhe.

- Pois não. Pode falar.

- Sendo que esse acordo não tem o selo de aprovação da Anac, vocês terão que pagar a taxa de embarque de cada passageiro.

- Qual é o valor da taxa?

- Vai depender da cidade de destino. Mas varia entre R$32,25 e R$64,50 por passageiro.

A partir daquela ligação, todas as noites, ao acompanhar os refugiados ao aeroporto, antes eu passava na loja da Gol para efetuar o pagamento da taxa de embarque. Embora não concordasse, também não reclamava, pois sabia que o preço de uma passagem para o Sul do país, por exemplo, não sairia por menos de mil reais. Felizmente, nunca fomos cobrados pela Azul ou pela Latam. Acho que os auditores dessas empresas não foram tão exigentes, ou as companhias aéreas foram mais benevolentes quanto a esse custo.

Não vou citar a quantidade de vezes que fui a Brasília para encontros com representantes das companhias aéreas e da Casa Civil para oficializar o tal acordo. Eu sabia que todo o trabalho que realizávamos de interiorização em larga escala dependia da boa vontade e das assinaturas dessas autoridades. Mas não era algo tão simples. Cada empresa tinha seus próprios interesses, seu departamento jurídico, cada cláusula precisava passar pelo crivo de muita gente. Após muitas idas e vindas, um número imenso de telefonemas, em junho de 2019, isto é, quase um ano após o início da parceria, o acordo foi firmado em Brasília. Naquela semana, eu li uma nota em um jornal que dizia: "O governo federal, sensível à causa dos refugiados venezuelanos, firmou, de forma célere, um acordo com as empresas aéreas para fornecer transporte gratuito partindo de Roraima para as diversas cidades do Brasil". Pensei comigo: *Ainda bem que o acordo saiu de forma célere, imagine se fosse de forma lenta.*

Finalmente, com esse acordo formalizado pelo governo federal, eu sabia que a *interiorização* ganharia velocidade. Pois, além das três empresas aéreas, tínhamos também os voos das FAB, que esporadicamente transportavam os imigrantes.

Tendo resolvido a questão do transporte aéreo, minha mente se voltou à conversa inicial com Jeff Frederick. Quem irá acolher os imigrantes? Meu pensamento era inquieto. Sempre buscava soluções para as demandas que surgiam, especialmente em relação a ganhar escala no programa de acolhimento dos refugiados. Um dia resolvi contatar meu amigo, o empresário e pastor Michael Aboud, do Balneário Camboriú. Comecei o diálogo reconhecendo seus atributos:

- Bom dia, Michael. Sei que você é um dos maiores líderes empresariais, comunitários e religiosos do Brasil. Como você sabe, estou com minha esposa numa missão humanitária em Roraima. E agora precisamos de seu apoio.

A resposta dele foi imediata:

- Vocês estão precisando de comida, roupa, remédio para os refugiados?

- Sim, precisamos, mas nesse momento a necessidade é outra.

Ele foi direto:

– Qual é seu plano, Carlos?

Expliquei que gostaria de saber se a igreja dele, a Embaixada do Reino de Deus, poderia acolher uma ou duas famílias em sua comunidade.

– Somente acolher, é isso? – ele perguntou.

– Bem, o acolhimento inclui encontrar uma casa com um aluguel acessível de até 500 reais, fazer uma campanha para arrecadação de artigos domésticos, roupas e alimentos.

– E quem vai pagar o aluguel?

– O pagamento do aluguel por dois meses faz parte do acolhimento. Não apenas o aluguel, mas a conta de água e de luz.

– Ah, entendi. Bem, nesse momento estou no aeroporto, e embarco a qualquer momento para Nova York. Eu me comprometo a pensar no assunto. Em meu retorno, gostaria de ir até Roraima com minha esposa Liana, verificar de perto a condição dos refugiados.

– Sendo que você é um homem religioso, compartilho esse versículo da Bíblia com você. Sugiro ler Mateus, 25:35-40. Boa viagem e espero vocês em breve.

Pensei comigo: *Ah, não! Esse é mais um caso de gente "sensibilizada" com a causa dos refugiados, muitas promessas que, na prática, não se materializam. No final, tudo acaba caindo no esquecimento.*

Para minha surpresa, passadas algumas semanas, recebo um telefonema:

– Olá, Carlos, aqui é o Michael. Eu e a Liana vamos chegar em Boa Vista na próxima semana. Durante a viagem para Nova York li várias vezes os versículos de Mateus 25 e senti que esse é um chamado de Deus. Iremos contribuir com essa causa social.

Resumindo a história: Michael Aboud e a esposa, Liana, passaram vários dias em Boa Vista, visitaram os abrigos, conheceram a Operação Acolhida, falaram com imigrantes nas ruas e na rodoviária, e, no fim, se reuniram com o general Pazuello.

- General, vamos levar quinhentos imigrantes venezuelanos para Camboriú. Vamos oferecer casa, alimento, roupa e, mais importante, apoio para recolocação imediata no mercado de trabalho. Pode reservar dois voos das FAB, cada um com 250 passageiros. A Embaixada do Reino de Deus vai selecionar um casal-anjo para acolher e acompanhar cada família que chegar em nossa cidade.

Gostaria que você imaginasse agora como deve ter sido o sentimento no íntimo, no coração, no espírito de cada pessoa acolhida pelo pastor Aboud. Eles literalmente saíram da miséria, da rua, da fome, e foram recebidos em Camboriú com uma grande festa promovida pela igreja Embaixada do Reino de Deus. Emocionados, choravam os acolhidos e os anjos acolhedores. Toda essa ação humanitária foi noticiada pelo Jornal Nacional e, mais tarde, pelo Fantástico.

Michael Aboud foi um líder exemplar. Seu amor ultrapassou suas próprias expectativas Não apenas acolheu os refugiados, mas, com seu exemplo e sua capacidade de persuasão e amor legítimo pelos mais carentes e necessitados, inspirou dezenas de outros líderes religiosos a fazerem o mesmo. Em meu coração, sempre haverá um lugar especial de gratidão a esse homem de Deus, que passei a admirar por seu espírito de solidariedade, compaixão e obediência aos ensinamentos de Jesus Cristo.

7

ESSA OBRA NÃO É SUA

Certo dia eu estava - ainda sem perceber - num dia típico em Boa Vista. Daqueles em que temos tantas tarefas que não sabemos o que fazer primeiro. Assim que começava algo importante, vinha algo mais urgente a ser feito, e outras coisas que não poderiam ficar para o dia seguinte. Tinha gente chegando da fronteira, gente saindo de Boa Vista, gente nascendo, gente morrendo, gente pedindo comida, gente pedindo remédios, gente em busca de transporte, acolhimento, documentação, vacinas. Literalmente eu não sabia quem socorrer primeiro.

Naquele instante, olhei para os céus e pensei: *Meu Deus, será que vou conseguir dar conta dessa obra?*

Sempre me emociono ao lembrar daquela voz quase audível, naquele momento em que eu mais precisava de amparo: *Calma! Calma, Carlos. Essa obra não é sua. Essa obra é minha.*

Naquele momento me senti pequeno diante da grandiosidade daquela obra. Aquela resposta inspirada me acompanhou a cada dia da missão, me dando paz e serenidade para fazer o melhor que estivesse ao meu alcance, mas sabendo que o resultado final estava nas mãos de Deus.

Há uma passagem das escrituras que descreve perfeitamente esse sentimento:

> **"Portanto, amados irmãos, façamos alegremente todas as coisas que estiverem a nosso alcance, e depois aguardemos, com extrema segurança, para ver a salvação de Deus e a revelação de seu braço." (Doutrinas & Convênios 123:17)**

A Bíblia relata a história de Moisés, que socorria seu povo de manhã até de noite. Certo dia, seu sogro, Jetro, lhe aconselhou:

> **"Não é bom o que tu fazes. Assim perecerá tu e teu povo. Escolhei homens tementes a Deus, para cuidar de cem, de cinquenta, de dez. Para que julguem este povo em todo o tempo, e toda causa grave tragam a ti, mas toda causa pequena eles a julguem. Assim a ti mesmo te aliviarás da carga. Se isso fizeres, poderás então subsistir. Assim também todo esse povo em paz irá ao seu lugar." (Êxodo 18:17-23)**

Inspirado na história de Moisés, me dei conta de que precisava dividir responsabilidades com uma equipe maior. A obra era grande demais, o chamado imenso. Senti que deveria me conectar com líderes empresariais, governamentais e religiosos, para que eu pudesse me concentrar em assuntos mais estratégicos que beneficiariam um número maior de pessoas.

Eu sabia que o Geraldo estava dando o máximo que podia como meu assistente, mas ele já estava chegando perto de seu limite. Ele era o tipo de pessoa que não media esforços em me atender e não sabia dizer não. Nascido no Amazonas, ele tinha pensado em ser padre ainda jovem, mas decidiu que ia se casar logo depois e encontrou seu propósito de vida ao se tornar pai de duas filhas.

Seu coração é imenso. Ele acompanhava os venezuelanos ao hospital para não irem desacompanhados - e, se preciso, passava a noite lá com o paciente, porque não tinha coragem de voltar pra casa até saber que estava tudo bem.

Certa vez, com o motor de seu carro quase falhando, ele saiu de madrugada pela estrada em direção a Pacaraima. A missão era encontrar uma família que estava vindo a pé pela estrada, com crianças pequenas. Eles não tinham 35 reais no bolso para pagar a passagem de ônibus. Eram quatro horas da manhã e, sem encontrá-los, parou seu carro e fez uma oração. Quando ouviu a voz, percebeu que havia pessoas no meio do mato, onde entrou, encontrando a tal família perdida, desidratados, com fome, bolhas nos pés. Os levou diretamente para o hospital. Já estava há 24 horas sem dormir, mas ficou de pé ao lado deles até meio-dia.

Sua fé na vida é inabalável. Quando ele pensa em recuar, conversa com Deus: "Converso assim, como estou falando com você", ele disse. "Porque Ele é meu amigo e eu conto as minhas coisas pra ele e peço os conselhos. Ele sempre me dá uma direção."

Foi assim que a nossa parceria e amizade evoluiu e se fortaleceu. Resolvíamos juntos mais pendências do que imaginávamos que seríamos capazes. Era evidente que não estávamos trabalhando com números. Mas, sim, com gente. E os milagres aconteciam quando menos esperávamos.

Mesmo com todo o apoio e a boa vontade do Geraldo, ainda não conseguíamos dar conta de cuidar de tanta gente que não parava de chegar.

Certo dia, meu amigo Juraci Cordeiro de Toledo me procurou:

- Estou me mudando dessa cidade. Aqui não consegui trabalho. Vou voltar para Cuiabá. Será que meu filho, Pedro Juliano, não poderia lhe ajudar em sua missão?

Conversei com Pedro e logo houve uma empatia natural entre nós. Ao contrário de Geraldo, o Pedro era mais movido pela cabeça do que pelo coração. Com senso lógico de quem desenvolve estratégias para fazer as coisas direito e um caráter de transparência e retidão - típico de um pai de família daqueles que faz tudo para levar comida pra casa -, ele tinha a intenção de colaborar, mas parecia saber exatamente qual a linha tênue entre se envolver com os problemas dos outros a fim de ajudá-los ou pegá-los para si. Era uma pessoa que parecia apta a resolver qualquer tipo de pendência, mas sem sofrer por antecipação ou se deixar levar pelas emoções.

Com naturalidade na voz, ele foi franco, como de costume.

- Mas antes de começar, Carlos, eu queria lhe dizer que só tem um probleminha.

- Pode falar, Pedro. Qual é o probleminha?

Então ele, meio sem jeito, me disse:

- Eu não tenho carro. Como vou ajudar no transporte dos refugiados para a rodoviária, para o aeroporto, o hospital, sem carro?

Para mim, aquilo não era um problema. Era algo que poderíamos resolver. Ele precisava de uma ferramenta de trabalho.

- Não se preocupe, Pedro. Isso a gente dá um jeito.

Coincidentemente naquela semana o Geraldo me procurou dizendo que o motor de seu antigo carro tinha acabado de fundir. Me vi diante de algo que precisava de uma solução. Pedro sem carro, Geraldo sem carro. E agora, o que fazer?

Ambos ficaram muito animados quando lhes dei a notícia:

- Meus amigos. Vou lhes dar um orçamento e vocês mesmos vão comprar seu carro. Quando encontrarem os carros me avisem.

Os dois pareciam duas crianças em noite de Natal. Já se imaginaram dirigindo uma camionete importada, último tipo, com ar-condicionado e todos os acessórios opcionais, semelhante àquelas que as agências internacionais usavam em Roraima com placa azul. Imagino que tenham se decepcionado quando anunciei:

- Cada um tem um orçamento de 15 mil reais para comprar uma Kombi.

Com aquele balde de água fria, tentaram disfarçar o desapontamento. O Pedro, que é mais questionador, me olhou de maneira estranha e começou a argumentar:

- Mas a Kombi gasta muita gasolina. Não tem ar-condicionado. Aqui em Roraima faz muito calor. É difícil encontrar uma Kombi em bom estado.

Eu sabia que aqueles argumentos tinham fundamento. Sabia também que precisava destinar recursos com sabedoria naquela missão. Minha resposta, depois de refletir, foi a seguinte:

- Pedro, aprendi duas coisas na vida: Primeiro, líderes fazem mais com menos. Segundo, se encontra na Bíblia, em Mateus 7:7: "Buscai e achareis". Procurem e vocês vão encontrar duas Kombis em bom estado.

Os dois se olharam divididos entre decepção e esperança e foram atrás do carro que os acompanharia dali em diante. Passados alguns dias, cada um encontrou sua Kombi, e a Kombi que o Geraldo comprou tinha, inclusive, uma inscrição na parte traseira que ele fez questão de manter: *Missionário de Jesus.*

Com o passar do tempo, como o trabalho se intensificou, convidei a esposa de Pedro para se unir à nossa causa humanitária. Queine Nascimento Moura Toledo era daquelas mulheres acolhedoras, com voz doce, que se desdobrava em sete para dar conta do trabalho, filho, marido e casa. Tinha uma exímia atenção com tudo, adorava receber as pessoas em sua casa e, mesmo com simplicidade, sempre oferecia tudo que tinha de melhor para que as pessoas se sentissem confortáveis em sua presença. Sabia lidar com refugiados, com pessoas de classe social mais elevada, era uma mulher que trazia uma inconfundível calma diante das intempéries, e logo de cara gostei de seu comprometimento.

Pedro e Queine: os dois formavam uma equipe perfeita. Ela falava de forma pausada e refletia sobre a melhor maneira de otimizar tudo. Sempre pensando nos detalhes. Ele assumia as demandas com rapidez e precisão. Resolvia tudo, sem trazer de volta os problemas.

Certo dia, eu e Vânia fomos ao aeroporto acompanhar uma família que estava de partida. Nos despedimos, tiramos fotos, nos abraçamos e a família embarcou. Já estávamos de saída quando uma jovem me abordou:

- Você é o Carlos Wizard?

Ela tinha um aspecto juvenil, falava rápido, era ativa e cheia de energia.

- Sim, sou eu mesmo. E você como se chama?

-Eu sou a Eliziane Balieiro, mas pode me chamar de Zizi. Eu li sobre seu trabalho aqui em Roraima. Parabéns.

Os olhos dela brilhavam. Tinha um lindo sorriso, como se estivesse me admirando sem qualquer interesse profissional ou comercial que fugisse à causa.

- Ah, que nada. Imagina. Esse é um trabalho feito por muitas mãos. São muitas agências, muitos militares e voluntários que participam dessa ação humanitária.

Muitas vezes, as pessoas me perguntavam onde ficava nosso escritório, nossa sede, nosso local de trabalho. Quase sempre eu respondia: fica no aeroporto. Passamos a conhecer os agentes federais, os motoristas de táxi e as faxineiras que faziam a limpeza do aeroporto. Acho que os momentos mais emocionantes de nossa missão foram naquele local. Foi ali que desenvolvi humildade. No mundo corporativo, cada vez que eu ia fazer uma viagem internacional, a atendente da companhia aérea já estava me aguardando no aeroporto. Quando me avistava, se oferecia para pegar minha bagagem, me levava para a frente da fila, eu era o primeiro a ser atendido, e às vezes ela me acompanhava até a sala VIP.

Em Boa Vista eu ia ao aeroporto e fazia esse processo ao inverso. Eu acompanhava a família de refugiados, ficava no final da fila e, depois que todos os passageiros já tivessem embarcado, eu era o último a ser atendido. Em meu coração havia a esperança de haver lugares vagos no voo, de forma que eu pudesse embarcar mais uma família.

Algumas famílias esperavam semanas, outras, meses para chegar ao momento de partida. Quando finalmente pegavam o bilhete de embarque nas mãos, ficavam repetindo o nome da cidade de destino: Botucatu, Araçariguama, Guaratinguetá. Nunca haviam ouvido esses nomes antes. Não sabiam ao certo sua localização. Seria a primeira vez que entrariam num avião. No peito, havia apenas uma confiança: *Alguém vai me esperar na chegada. Lá vou conseguir trabalho. Meus filhos vão poder estudar. Teremos um futuro melhor.*

Era comum, enquanto aguardávamos a hora do embarque, que cada família compartilhasse seu passado e nos contasse episódios de suas vidas naquele momento. Era como se já nos conhecêssemos há muito tempo, como se fôssemos uma família de verdade, e agora quisessem compartilhar algo especial sobre si. Na hora da partida, após dezenas de fotos, eles nos abraçavam, muitas vezes em lágrimas, cheios de gratidão. E a cada dia que embarcávamos uma nova família, sentíamos mais amor pela causa. Sentíamos que o nosso impacto em Roraima, na Operação Acolhida, estava sendo positivo, que estávamos contribuindo para que novos destinos fossem dados àquelas pessoas. Nos sentíamos movidos por Deus.

Assim, depois daquela conversa, nós nos despedimos, a Zizi foi embora, eu e a Vânia fomos até o balcão da Azul conferir como estava a disponibilidade no voo do dia seguinte.

De repente, quem aparece de volta? A Zizi.

Ao caminhar em direção a seu carro, ela diz que Deus falou com ela: *Volta lá e diz que você vai ajudar nesta missão.*

- Olha, vou deixar meu WhatsApp com vocês. Se a gente não se encontrar no aeroporto, vocês podem me ligar. Eu quero de verdade ajudar nessa causa social.

Mesmo sem saber bem o que fazíamos, ela voltou. Na época chegou a pensar que eu jamais ligaria de volta, porque acreditava que muita gente chegava oferecendo ajuda apenas para se aproximar de mim.

Aquela demonstração de amor genuíno pela causa me comoveu, e foi assim que a Zizi passou a fazer parte importante de nossa equipe de apoio. Ela criou uma rede de pastores evangélicos, acolhedores de famílias em diversas partes do Brasil. Sua recompensa era receber fotos da chegada das famílias a sua cidade de destino.

Mais tarde, ela me contou um pouco sobre seu propósito de vida. Ela e o marido, Rafael, não têm filhos. Moram na periferia de Boa Vista. O casal abriu como missão de vida a Casa da Tia Zizi, um espaço destinado a oferecer educação, alimento e vestimenta para crianças carentes. Ela faz isso com seus próprios recursos.

Exemplos como o de Zizi demonstram como Deus sempre prepara pessoas para a realização de Sua obra. À medida que a missão ganhava mais proporção, por mais que sentisse que não teria chão pela frente, continuava andando e, subitamente, como num milagre, aparecia um anjo como se enviado dos Céus para nos apoiar. Geralmente, o resultado acabava sendo muito melhor do que se eu tivesse que realizar a tarefa por mim mesmo.

8

ANJOS DE DEUS

Quando a mídia tomou conhecimento de nossa presença em Boa Vista, atuando na interiorização de refugiados, nosso serviço comunitário passou a ser noticiado nos meios de comunicação de Roraima, do Brasil e do exterior. De alguma maneira, meu número de WhatsApp cruzou a fronteira e chegou aos pontos mais distantes da Venezuela.

De repente, passei a receber ligações de manhã, de tarde e de noite de venezuelanos solicitando informações sobre documentos, vacinas, transporte, querendo saber os pré-requisitos para participarem do programa de interiorização. Alguns queriam informações sobre tratamento médico para um membro da família que precisava de uma cirurgia. Outros queriam saber se podiam trazer seu animalzinho de estimação. Comecei a me sentir como se trabalhasse num *call center*.

Naquele momento, logo pensei: *Tenho que mudar meu número de telefone*. Mas em seguida aquela vozinha interior falou mais alto: *Por acaso não é por essa razão que você está aqui? Não é esse o propósito de sua missão? Como fechar os olhos e tapar os ouvidos para pessoas desesperadas que estão passando fome?*

No fundo, eu me sentia na obrigação de atender a todas essas ligações. Mas também havia a preocupação que eu estivesse fomentando a vinda de imigrantes ao Brasil. Essa jamais foi minha intenção. Eu me limitava tão somente a atender quem chegava ao solo brasileiro. Por outro lado, se eu fosse responder todas as perguntas dos interessados em cruzar a fronteira, eu não faria mais nada.

Novamente tive a certeza de que essa obra não era minha, mas de Deus. Como anjos enviados do Céu, apareceram três voluntárias venezuelanas que se ofereceram espontaneamente para fazer esse atendimento: Mariela Fernandes, Virginia Guevara e Alana Morais. Não tenho palavras suficientes para expressar minha gratidão a essas mulheres maravilhosas, que assumiram como missão de vida atender cada ligação que recebiam.

Certo dia o telefone tocou e a ligação era da sede da Igreja em São Paulo.

- Estamos acompanhando seu trabalho em Boa Vista. Temos boas notícias. Acabamos de chamar um casal para lhes ajudar na missão. Rodrigo e Alessandra Myrrha são empresários de Minas Gerais, estão aposentados e vão dedicar um ano de serviço voluntário em Roraima. Em breve vão chegar em Boa Vista.

Essa notícia soou como música aos nossos ouvidos. Estávamos ansiosos por conhecê-los.

Alessandra tinha uma história de imigração em sua família. Seu bisavô havia sido imigrante, chegara ao Brasil fugido do Líbano aos 14 anos. Os antepassados de Rodrigo vieram da Itália para buscar melhores condições de vida no Brasil.

O casal se identificava com a condição dos refugiados. Em 2007, tinham ido para Santa Maria e dedicado 3 anos de trabalho voluntário numa missão. Estavam habituados a servir. Em 2018, passaram dois meses na Espanha, fazendo um curso intensivo de espanhol. Sua meta era se voluntariar para uma missão num país de língua hispânica. Jamais pensaram que falariam espanhol quase o dia todo em Roraima.

Quando Alessandra soube que iria a Boa Vista, ela se questionou: *O que vou fazer lá?* E ouviu a resposta em seu íntimo: *Você vai cuidar de pessoas, como você sempre fez.*

Seus objetivos na ajuda humanitária eram muito claros: aliviar o sofrimento das pessoas e promover a autossuficiência. Ao mesmo tempo, Rodrigo tinha a clareza de que os problemas das pessoas eram das pessoas. Ele costumava dizer: "Os problemas das pessoas são pesados, difíceis, mas são das pessoas. Não são meus. Quando seu filho adoece, você se envolve 100% de maneira emocional. Quando existem milhares de pessoas necessitadas, é preciso entender que a situação é difícil, mas é a situação do outro. Se você acumular a dor de mil pessoas, quem irá adoecer será você. O indivíduo só é capaz de ajudar outra pessoa se olhar a situação de fora. Você lá dentro, sofrendo como ele, não será capaz de auxiliar ninguém".

Mesmo sabendo que somos seres humanos e, portanto, sentimos e nos envolvemos com tudo, cada vez que ele dizia isso, percebíamos, enquanto equipe, que o distanciamento era essencial para que pudéssemos contribuir efetivamente.

Os dois tinham perfis distintos. Rodrigo era um homem racional, tinha calma no olhar e transmitia a segurança de que tudo podia dar certo, resolvendo detalhes sem qualquer sinal de afobação. Alessandra, por sua vez, era a parte mais ativa do casal. Intervinha em todos os assuntos, se envolvia com tudo, dedicava tempo e energia como se todos fizessem parte de sua família. A cada reunião que realizávamos, ela era a primeira a criar uma série de regras e normas para participação no programa de interiorização. Às vezes ríamos dizendo que essas regras tinham validade de 24 horas, até que algo não previsto acontecesse.

Embora parecesse dura, Alessandra sempre era certeira em suas colocações quando estava diante de venezuelanos que seriam interiorizados. Era ela quem passava as informações de como seria a vida no Brasil: "Espero que a chegada a Roraima seja realmente o fundo do poço para vocês. E se não tiverem uma atitude positiva, a sua crise não vai passar". Era assim que ela ministrava suas aulas sobre o conceito de autossuficiência antes de os imigrantes deixarem Boa Vista.

O envolvimento do casal Myrrha trouxe novas frentes ao trabalho. Alessandra mobilizou profissionais de saúde de várias partes do Brasil, que vieram a Roraima como voluntários. Ao longo do ano, sua equipe médica fez mais de 20 mil atendimentos a refugiados e brasileiros.

Rodrigo sempre dizia que cada pessoa que está nessa missão humanitária tem seu talento e sua maneira de resolver as coisas: "Quando você junta estes talentos, os esforços se complementam e a gente pode ajudar mais pessoas".

E, sem sombra de dúvida, a presença do casal nos trouxe alegria. Era difícil estar ao lado de Rodrigo sem que ele compartilhasse conosco alguma anedota ou história de vida interessante. A Alessandra era excelente cozinheira, adorava a culinária e fez questão de conhecer todos os bons restaurantes de Boa Vista. Ambos tinham o espírito de aventura. Juntos passamos a ter uma vida social além da missão, compartilhando bons momentos em vários passeios ao lago do Robertinho, à serra do Tepequém, à cidade de Lethem, e dando voltas de barco e de jet ski no Rio Branco.

Eles completaram 1 ano de serviço voluntário em Roraima de forma brilhante, e mesmo antes de partirem já sentíamos saudades da convivência tão intensa que tivemos por doze meses juntos em Boa Vista.

Outro desses anjos na Terra era Ronilson Braga, um padre jesuíta que estava em Boa Vista atuando no diálogo inter-religioso dentro da crise humanitária. Filósofo, havia estudado em diversas partes do mundo, falava seis línguas e trazia um currículo e uma bagagem surpreendentes para a missão em Boa Vista.

Tinha sido ele, junto da irmã Rosita, que tinha regularizado em Pacaraima a situação de refúgio para os venezuelanos que chegaram no começo da crise.

O padre Ronilson testemunhou algumas das histórias mais tristes ocorridas em Boa Vista. Com seu voto de pobreza e de dedicação aos refugiados, ele chegou a presenciar cenas chocantes que jamais imaginou que veria.

Ele assistia algumas crianças que estavam em situação de rua, e muitas delas chegavam doentes, debilitadas e desnutridas. O padre se virava como podia para estar em todos os lugares e socorrer a todos que podia.

Quando soube de Isabelita, um bebê de 1 ano que vivia com a mãe em situação de rua, as duas dormiam atrás de um posto de gasolina. A menininha já estava enferma havia dias quando chegou a Boa Vista. Em seguida, pegou uma pneumonia, e foi levada ao Hospital da Criança. Ali as coisas aconteciam numa velocidade espantosa: a situação da criança piorava a cada dia.

Foi através da Áurea que veio o telefonema que deixaria Ronilson desestabilizado: "Padre, você poderia fazer as últimas homenagens à menininha? A Isabelita morreu. Estamos providenciando o caixãozinho para ela".

Em questão de dias, passou por outra situação semelhante. A família chegou com um garoto de 4 anos já bastante debilitado com pneumonia. Os pais do menino tinham esperança de que ele pudesse se recuperar, só que isso nunca aconteceu.

"Ver aquela mãe gritando em espanhol '*Despierta, mi hijo, despierta, mi hijo*', enquanto olhava o corpo do filho no caixão foi algo que me chocou. Consegui velar o corpo, mas a imagem era tão perturbadora que nunca mais saiu de minha cabeça."

Depois desses episódios que se tornaram recordações de dor dilacerante, Ronilson ainda acompanhou dona Maria Irene, uma senhora em situação de extrema pobreza que chegou da Venezuela com seus dois sobrinhos a tiracolo. Em um dia em que estavam distribuindo sopa aos refugiados, ela desmaiou antes de chegar sua vez. Foi levada às pressas ao hospital. O padre Ronilson e outras pessoas aguardavam o parecer dos médicos. De repente, um médico apareceu com o veredito: "Ela veio a óbito. Morreu de inanição. Morreu de fome".

Ronilson me disse, mais tarde: "Aquele foi o pior dia de minha vida. Como pude testemunhar uma pessoa morrer de fome diante de meus olhos? A partir daquele momento, prometi que faria de tudo para não deixar uma única pessoa passar fome perto de mim".

Estas situações extremas que ele presenciou de perto fizeram com que minha indignação com a burocracia da interiorização só aumentasse. Eu sabia que quanto mais demorássemos nos processos e protocolos, mais pessoas chegariam, a ponto da situação se tornar insustentável.

Apesar de sempre ficar chocado com as cenas de morte em seus braços, Ronilson gosta de recordar de um episódio em que sua intervenção foi positiva:

"Fui chamado para dar extrema-unção para um venezuelano para que ele morresse em paz. Quando cheguei lá, uma médica venezuelana, que não podia atuar no Brasil, estava ao lado dele e me disse que não podia exercer a medicina, mas me alertou: 'Padre, ele pode viver'."

O padre resolveu levar o homem ao hospital, na tentativa de salvar aquela vida. Mas, infelizmente, no hospital, havia uma ordem - que não se sabia de onde vinha - e a recepcionista apenas lhe disse: "Não temos vagas para venezuelanos".

Perplexo, ele pediu que aquilo fosse lhe passado por escrito. A atendente teve a audácia, ou a ingenuidade, de escrever e carimbar, entregando a declaração a ele.

"Era uma licença para matar. Não vou te atender porque és estrangeiro. O rapaz estava desidratado, desnutrido, com diarreia e com fome. Eu estava perturbado com aquilo. Coloquei ele no carro e fomos para outro hospital. Ali, sim, ele foi humanamente atendido. No mesmo dia saiu do hospital caminhando, corado e com saúde."

Hoje, Ronilson se orgulha de contar que este mesmo homem foi interiorizado para Brasília, onde pegou o apelido carinhoso de Lázaro. "Ele saiu morto do abrigo e, depois do padre ter sido chamado para lhe dar a extrema-unção, ele voltou andando e corado", brinca.

À medida que o volume de refugiados aumentava, também aumentava o número de passagens solicitadas às empresas aéreas. Certo dia um diretor da Azul me ligou:

- Carlos, sabemos que as demandas de passagens aumentam a cada dia. A partir de agora uma colaboradora específica será encarregada do atendimento dos refugiados. Ela se chama Cintia da Silva Ferro. Qualquer necessidade pode falar diretamente com ela.

Cintia trabalhava na Azul fazia 9 anos. Quando fora designada para cuidar das reservas dos refugiados, não tinha entendido ao certo do que se tratava. "Já passei por tantos departamentos e agora estou no time de viagens, deve haver um propósito", ela conta, emocionada, sempre que relembra a história de como se engajou na missão.

Quando passei a enviar os primeiros e-mails a ela solicitando as reservas, ela pensava que eu era um agente do aeroporto de Boa Vista. Certa vez, quando observou que eu enviava e-mails solicitando passagens sete dias por semana, ela estranhou. Ela achava curioso um agente de aeroporto trabalhar ali tão disposto, aos sábados, domingos e feriados. Mesmo engajada na causa, ela não conhecia o "Carlos Wizard", como empresário, missionário ou cidadão. Certo dia ela não resistiu e me perguntou:

- Você não descansa no final de semana?

Eu lhe expliquei que nosso chamado era sete dias por semana, 24 horas por dia. Muitas vezes, o final de semana era quando havia o maior número de vagas livres no voo.

Depois de saber sobre meu envolvimento na causa, ela se entusiasmou ainda mais com a missão. Passou a ler meus livros e a assistir aos meus vídeos. Um dia ela me confidenciou um de seus sonhos:

- Quero ser maquiadora profissional.

Quando ela começou a entender minha história, percebeu que podia ser uma executiva na empresa aérea e ter uma atividade paralela capaz de lhe trazer uma renda extra. Com coragem, ela deu o primeiro passo e ganhou força para seguir seu sonho.

Cristã, um dia ela me disse que, em sua casa, era comum ela, seu marido Dan, e seus pais orarem para que os "pacotinhos" chegassem bem em sua cidade de destino.

Cada reserva, cada bilhete emitido, cada ajuste de rota era feito como se ela estivesse fazendo para seu próprio irmão ou para sua mãe. Com autorização da empresa, ela passou a levar o notebook para casa nos finais de semana e nos feriados. Às vezes ela estava conectada depois da meia-noite fazendo mais uma reserva de alguma família que havia perdido a conexão ou que teve o voo cancelado.

Jamais vou me esquecer de duas situações que me marcaram muito: A primeira, quando ela viajou de férias com o marido, mas levou o notebook na bagagem, pois não se sentia bem em interromper a emissão das reservas dos refugiados. A outra ocasião, quando Cintia, muito apreensiva, precisou fazer uma cirurgia para a retirada da vesícula. Mesmo no período em que ficou de repouso em casa, não diminuiu seu amor pelos refugiados. Diariamente, com boa vontade, fazia a emissão de reservas de cada família que saía de Roraima. Costumava me dizer, de forma carinhosa:

"Não posso abandonar meus pacotinhos. Enquanto não chegarem à cidade de destino, eu não sossego. Não há cartão black sem limites que pague o sentimento de satisfação por participar dessa causa humanitária."

Sempre terei uma imensa gratidão à equipe da Azul de Manaus. Todos sempre foram muito solícitos e se mostraram muito dispostos a fazer os ajustes nas reservas e a acomodar os refugiados da melhor forma possível. Eles sempre contaram com o apoio dos voluntários Paulo Braga e Sister Amorim.

Ao retornar para casa após vinte meses, tenho o coração cheio de gratidão por ter auxiliado mais de 12 mil refugiados a começar uma nova vida. No entanto, eu não exagero em dizer que esse trabalho só foi possível graças ao apoio da companhia aérea Azul e ao apoio contínuo, incansável e incondicional dessa pessoa maravilhosa chamada Cintia da Silva Ferro.

Os exemplos dessas pessoas maravilhosas, verdadeiros anjos de Deus na Terra, me lembram de uma cena ocorrida na Segunda Guerra Mundial. Conta-se que, em determinada cidade, os bombardeios danificaram severamente uma estátua de Jesus Cristo. Após a Guerra, especialistas tentaram reconstruir a estátua. Porém, as mãos de Cristo ficaram sem condições de reparo. A população da cidade decidiu deixar a estátua sem mãos e colocou em sua base estes dizeres: *Vós sois as minhas mãos.*

Não temas porque estou contigo. Não temas porque eu sou teu Deus. Eu te fortalecerei,
te ajudarei e te segurarei com minha mão direita.

Isaias 41:10

9

DE RORAIMA A BRASÍLIA

Jamais imaginei que a missão humanitária no extremo norte do país, divisa com a Venezuela, me aproximaria tanto de Brasília, das autoridades governamentais, dos ministros, do presidente da República e da primeira-dama. A Operação Acolhida faz parte do Ministério da Defesa, coordenado pela Casa Civil. Eu representava a sociedade civil organizada, sem nenhum vínculo governamental, mas passei a ter livre trânsito em Brasília com a missão de sensibilizar as autoridades a apoiar o processo de interiorização.

A cada viagem ao Distrito Federal eu ia com uma agenda cheia de encontros. Eu costumava pegar o voo da Gol que parte de Boa Vista à 1h50 da madrugada, e sempre levava na bagagem um travesseirinho. Ficava contente quando as duas poltronas do lado estavam vazias. Assim, dormia as 3h30 de voo até pousar na capital federal.

Certa vez, Michael Aboud me acompanhou a Brasília. Fomos nos reunir com o procurador Marco Carvalho e a ministra Damares Alves. Aboud começou o diálogo:

- Ministra, precisamos muito de seu apoio. Sabemos de seu compromisso com os direitos humanos, defesa das mulheres e da família. Agora estamos vivendo uma crise sem precedentes em Roraima. Quinhentas pessoas por dia atravessam a fronteira.

A ministra, que tinha uma fila de gente esperando na porta de seu gabinete para ser atendida, logo perguntou:

- Pastor Aboud, o que vocês esperam que eu faça?

- Meu amigo Carlos Wizard deixou suas empresas, negócios e família em São Paulo para ficar 2 anos em Roraima acolhendo os refugiados. Vou deixá-lo lhe explicar.

Era a primeira vez que estava num encontro com Damares Alves. Ela estava no início de seu mandato, e até então o que eu sabia a seu respeito eram apenas as polêmicas noticiadas pela mídia sobre a questão de gênero, menino e menina, azul e rosa, pé de goiabeira etc. Havia até gente apostando que a ministra não passaria de trinta dias no cargo.

- Bem, ministra Damares, há 70 mil CNPJS registrados de igrejas no Brasil. Eu penso que se apenas 10% das igrejas acolherem uma única família, vamos esvaziar os abrigos de refugiados de Roraima. Além do mais, as igrejas, por natureza, já são acolhedoras, preocupadas com o pobre, carente e necessitado. Esse acolhimento faz parte do evangelho.

Ela prestava atenção em nosso discurso e respondia com perguntas:

- Então, vocês estão pensando no quê?

- Bem, sendo a senhora evangélica, pastora e voltada a causas sociais, gostaríamos de contar com seu apoio para conscientizar, sensibilizar e convidar líderes religiosos para participar de um programa nacional de acolhimento dos refugiados venezuelanos.

Naquele instante, pude sentir que o seu coração se identificou com a causa dos refugiados. Em seguida ela convidou o procurador Marco Carvalho e demais assessores para relacionar os líderes religiosos mais influentes do país.

Nas semanas seguintes, conseguimos arrebanhar dezenas de pastores sensíveis à causa dos refugiados. Eu me reuni com o bispo Renato Cardoso, da Igreja Universal do Reino de Deus, que me levou para conhecer o templo de Salomão, no bairro do Brás, em São Paulo. Sua instituição acolheu dezenas de famílias e o apoio foi significativo para a causa humanitária, trazendo acolhimento e amor para os refugiados.

Fui convidado para discursar na Convenção das Assembleias de Deus, em São Paulo, com pastores de todo o Brasil. Tive a satisfação de conhecer a família Câmara, literalmente uma família de Deus. Samuel Câmara, seu irmão Jonatas Câmara, chamado de o "pastor dos pastores", e Silas Câmara, um líder nato, presidente da Frente Parlamentar Evangélica na Câmara dos Deputados. Graças a seu apoio participei de encontros na Frente Parlamentar, que acolheu dezenas de famílias de refugiados.

O pastor Josué Valandro, conhecido como o pastor da primeira-dama Michelle Bolsonaro, moveu muitas coisas e conseguiu que o projeto se multiplicasse. Ele foi um dos primeiros líderes evangélicos a manifestar publicamente seu apoio ao então candidato Jair Messias Bolsonaro, quando ninguém imaginava que um dia ele se tornaria presidente da República. O pastor Josué acolheu dezenas de famílias em sua instituição religiosa, a Igreja Batista da Atitude, no Rio de Janeiro.

O pastor Hadman Daniel da Silva, da Igreja Evangélica Assembleia de Deus do Novo Dia, de Brasília, também acolheu dezenas de famílias. O pastor Wagner Medina, da Assembleia de Deus Luz das Nações, do Rio Grande do Sul, foi um exemplo no acolhimento de inúmeras famílias.

Cada um desses religiosos inspirou muitos outros em várias partes do país a seguir seus exemplos de caridade. Todos eles, independentemente da religião, mobilizaram-se para fazer o bem. Estiveram ali para apoiar a causa, trazendo seu olhar para o lado humano.

Se eu fosse citar o nome de todos os pastores, bispos, missionários e líderes religiosos que fizeram a diferença no acolhimento de uma única família, faltaria espaço para descrever a bondade, generosidade e desprendimento de todos que atuaram como o bom samaritano. Por isso, citarei apenas um caso, que representa a caridade de todos os demais que abraçaram essa causa de amor ao próximo.

Em determinado momento, a Operação Acolhida convidou um grupo de dez pastores para ir a Boa Vista ver de perto a situação dos refugiados. Certa noite, fomos visitar uma "ocupação espontânea", nome simpático para descrever uma invasão clandestina de prédios públicos. Fomos no local onde funcionava a antiga Secretaria de Educação do estado.

Para entender melhor as condições precárias do local que fomos visitar, gostaria que você imaginasse uma cena de filme de guerra, como se um ataque aéreo tivesse ocorrido naquelas instalações. Foi isso que vimos. Uma área devastada, com paredes rachadas e semidestruídas, mais de cinquenta salas e cubículos sem teto. Em meio a escombros havia lixo, entulho e esgoto a céu aberto. Ali viviam mais de quatrocentos refugiados, sendo 180 crianças. Foi difícil controlar as lágrimas. A Camila Miguel, da IBA do Rio de Janeiro, estava ao meu lado se controlando para não chorar e falando com a voz embargada, não querendo acreditar em tudo que via. As pessoas estavam amontoadas em espaços minúsculos, as mulheres faziam fogo no chão para cozinhar uma sopa ou mingau e dar de comer aos filhos pequenos. A escuridão era total. Diante desse clima tenebroso, o pastor José Carlos Domingos, da Catedral Evangélica Assembleia de Deus Ministério Ágape, do Rio de Janeiro, tomou a frente:

– Essas pessoas são nossos irmãos. Não podemos deixá-los nessas condições sub-humanas. Temos de acolhê-los. Me indiquem a maior família que tem aqui. Vou levá-la para nossa congregação.

Logo um morador local nos conduziu por um labirinto, passamos de um ponto a outro, de um local a outro, de uma repartição a outra, e quanto mais adentrávamos naquele local inóspito, mais chocados ficávamos. Finalmente chegamos a um cubículo onde havia uma senhora de nome Maria sentada em uma cama.

- Dona Maria, a senhora gostaria de sair daqui?

- Isso é o que eu mais quero.

- Onde está o seu marido?

Logo correram para chamar o Luis, marido da Maria.

- A senhora tem filhos?

- Tenho, sim.

De repente, uma ninhada de filhos começou a subir na cama como se fossem gatinhos em volta da mãe gata. Um, dois, três, quatro, cinco, seis, sete filhos. Todos descalços, quase sem roupa.

- Meus parabéns, dona Maria. A senhora tem sete filhos?

- Sim, são sete filhos e estou grávida do oitavo.

Logo apareceu o pai, meio encabulado e meio orgulhoso pela numerosa família.

- Sr. Luis, faz quanto tempo que vocês estão aqui? - perguntou o pastor.

- Já faz quase 1 ano. Temos sofrido muito, passado fome... Queremos sair daqui.

- Então pode dar graças aos céus. Vocês vão para a cidade mais linda do Brasil: o Rio de Janeiro. Lá vão ter casa, comida, trabalho e escola para seus filhos. Podem preparar as malas.

Eles se emocionaram de contentamento, e Luis disse:

- Malas, pastor? Temos somente algumas sacolas de mão.

Ainda chocados com a situação de penúria da família, de repente, começou um aglomerado de gente em volta daquele cubículo. Logo outro morador perguntou:

- E que tal a minha família, pastor? Podemos ir também? Sou casado, esta é minha mulher e estes são meus filhos.

Com imensa generosidade, o pastor José Carlos anunciou:

- O.k., vocês também vão conosco.

Enquanto o pastor José Carlos se reunia para tirar foto com as duas famílias, uma terceira apareceu implorando por acolhimento. Com um coração do tamanho do mundo, ele disse:

- Vim disposto a levar uma família, mas vou levar dez. As três primeiras podem partir imediatamente. As demais, preciso de um tempinho para me organizar.

A visita dos pastores naquela noite ficou marcada na memória daquela gente. Um milagre começava a acontecer entre os moradores abandonados. Era uma ação que traria grandes bênçãos para inúmeras famílias daquela comunidade de desassistidos.

Diante do grande número de famílias acolhidas, um dos pastores levantou uma preocupação:

- Devemos elaborar um documento que dê amparo jurídico às instituições religiosas, e indique que as igrejas são parceiras da Operação Acolhida e estão alinhadas com o programa de interiorização do governo federal.

Serei eternamente grato ao apoio do ministro Humberto Martins, do STJ. Quando trabalhamos juntos nesse projeto, pude conhecê-lo como um homem de Deus, uma pessoa comprometida com os valores cristãos mais elevados, um homem que não se envergonha do evangelho de Jesus Cristo. Adventista, através da oração, entregou sua vida e carreira pública nas mãos de Deus. A liderança do ministro Humberto, auxiliado pelo juiz federal Marcio Freitas e a juíza Sandra Silvestre, foi fundamental para dar amparo jurídico à ação social promovida pelas igrejas. Através de seu empenho, o apoio das igrejas aos refugiados foi levado ao STF e passou a fazer parte do observatório nacional.

Mais tarde, fui recebido pela primeira-dama Michelle Bolsonaro, presidente do Conselho Pátria Voluntária. Na época, a primeira-dama trabalhava de forma conjunta com os Ministérios da Cidadania e da Saúde em prol de projetos voltados à primeira infância. Ela se comprometeu a apoiar essa causa humanitária. Michelle Bolsonaro gravou pessoalmente vídeos institucionais convidando pastores e líderes empresariais a acolher famílias refugiadas.

Foi através desse esforço conjunto que o voo de Boa Vista até Brasília deixou de ser apenas uma escala para outras partes do país e ganhou um novo significado. Eu não tinha nenhuma filiação partidária, não tinha ideologia ou pretensão política, nem nada que fizesse com que eu deixasse de conversar com qualquer pessoa por conta da causa pela qual estávamos lutando. Eu só queria aliados que olhassem com atenção e carinho para as pessoas que estavam em Roraima necessitando de ajuda.

Foi nesse período que a Câmara de Vereadores me concedeu o título de Cidadão Boavistense, a medalha de honra ao mérito Rio Branco e um tributo de gratidão pelos serviços relevantes prestados ao estado. Ao mesmo tempo, foi uma satisfação receber do governador Antonio Denarium o título de embaixador de Roraima.

Algumas pessoas, ao verem o meu envolvimento com as autoridades governamentais, costumavam dizer em tom de desconfiança: "Esse Carlos Wizard é muito esperto. Veio a Roraima disfarçado de missionário, e com dinheiro no bolso está fazendo ações sociais visando uma campanha eleitoral futura. Talvez ele vá se candidatar a senador, ou a prefeito da cidade, quem sabe governador do estado". De fato, recebi convites para me candidatar a todos esses postos, porém, meu único objetivo ao passar quase 2 anos em Roraima foi atender um chamado de Deus de acolher os refugiados que ali chegavam. Jamais imaginei usar o trabalho de amor ao próximo como trampolim para uma candidatura a um cargo público.

**Refugiados não são terroristas.
Geralmente são vítimas
de terroristas.**

António Manuel Guterres

10

OS PREPARATIVOS PARA A VIAGEM

Certa vez minha neta Isabella, de 6 anos, filha de Priscila, conversava com seu avô paterno. O avô Renato Bertani, advogado renomado, tentava lhe explicar os preparativos necessários para se fazer uma viagem ao exterior.

– Em primeiro lugar, Isabella, é necessário escolher o destino da viagem. Depois faz-se uma pesquisa sobre os pontos turísticos do local. Em seguida, começa a busca por uma agência de viagens ou, se preferir, uma pesquisa nos sites que vendem passagens. Dependendo do país de destino, é necessária a emissão de passaporte. Nesse caso, precisa procurar a Polícia Federal, agendar uma data e levar os documentos exigidos. Alguns países exigem visto, outros não. Com todos os preparativos em mãos, a família está pronta para seguir viagem.

Enquanto o avô explicava de forma detalhada todo o processo, Isabella observava atenta cada palavra. Ela ouvia o avô dizer tudo aquilo e ficava imaginando a sua viagem para o exterior. Via-se brincando com as primas nos parques, tomando sorvete e comendo pipoca. Em sua imaginação, ela já havia chegado ao destino, e seu pensamento voava enquanto o avô falava sobre os trâmites que, para ela, não faziam o menor sentido. Finalmente, ele resolveu testar a memória e interpretação da neta:

- Então, Isabella, me diga agora, o que é preciso para se fazer uma viagem ao exterior?

- É simples, vovô. A gente arruma as malas, vai ao aeroporto, pega o avião e vai embora.

Em minha forma simplista de analisar os preparativos para a viagem dos refugiados, muitas vezes eu me lembrava da simplicidade de raciocínio de Isabella, e fazia a seguinte comparação:

Imagine que um carro vai fazer uma viagem. O carro comporta confortavelmente cinco passageiros, mas alguém sugere:

"Com boa vontade, conseguimos levar sete passageiros."

Então alguém diz:

"Sendo que a viagem é longa, precisamos de uma equipe para verificar a qualidade dos pneus, outra equipe para verificar a condição do motor, outra para verificar a condição da parte elétrica do carro, e uma para verificar se o ar-condicionado está funcionando perfeitamente. E não podemos esquecer dos freios."

Enquanto essas verificações são feitas, passam-se dias, semanas, meses, e o carro não sai do lugar.

Essa ilustração serve para explicar meu inconformismo com as reuniões de coordenação quinzenais conduzidas pelas força-tarefa, da qual participavam dezenas de agências, cada uma com um foco específico. Umas cuidavam das criancinhas, outra das mães solteiras, outra dos idosos, outra dos indígenas, outra dos deficientes, outra do público LGTB etc.

Claro que é importante cuidar de cada um desses grupos - não estou de forma alguma diminuindo essa importância -, mas eu sabia que gastar energia e recursos no programa contínuo de assistencialismo, sem um horizonte de mudança pela frente, não seria a solução. Persistir nessa direção significava perpetuar o modelo que causou a dependência da população e consequente destruição do país vizinho.

Muitos venezuelanos, inclusive, sentiam-se mais dignos em ocupações espontâneas, mesmo sabendo que não teriam as mesmas condições de higiene, segurança, nem comida na mesa todos os dias. Porque sabiam que pelo menos ali teriam autonomia. Um deles me disse certa vez:

"Se ficamos num abrigo, é como se fôssemos prisioneiros incapazes de sair para buscar nosso próprio sustento. Quero fazer uma diária de trabalho, comprar coisas para minha família cozinhar, comprar a fralda de meu filho e não ficar dependente. Foi o assistencialismo da Venezuela que destruiu nosso país."

Certa manhã, inconformado com a lentidão dos processos, a morosidade dos organismos federais e com tantos protocolos a serem seguidos para que um imigrante pudesse sair dessa "prisão" chamada abrigo e seguir rumo a sua almejada interiorização, procurei o coronel Kanaan.

- Amigo Kanaan, você me conhece. Não estou aqui com interesse pessoal, comercial ou político. Há mais de 1 ano, eu e minha esposa estamos aqui numa causa humanitária. Nesse período, já auxiliamos mais de 6 mil pessoas a saírem de Roraima. Seja franco comigo, a Operação Acolhida quer ou não quer contar com nosso apoio? Sou uma pessoa pragmática, voltada para resultados. Sinto que posso contribuir para o processo de interiorização ganhar escala, mas caso as Forças Armadas julguem que estamos atrapalhando ou causando problemas, por favor, nos diga.

- Imagina, Carlos. Temos a maior estima, carinho e admiração por você, por sua esposa e pelo trabalho que realizam. Quem dera tivéssemos mais pessoas atuando como voluntários dessa forma! Vocês têm carta branca para agir e nos apoiar no que for necessário. Estamos juntos nessa!

Essa conversa me deu motivação para seguir adiante e ser mais assertivo em minhas colocações. Jamais esquecerei o silêncio que provoquei numa reunião de coordenação, quando após três horas de discussão, a dirigente da reunião perguntou:

- Gente, já passou do tempo, vamos encerrar o encontro. Faltou algum assunto para ser tratado?

Naquele instante não resisti e me manifestei.

- Sim, tenho uma pergunta, senhorita. Gostaria de saber qual é a meta de interiorização para este mês, quantos imigrantes já viajaram e quantos ainda faltam para cumprir a meta.

Esse questionamento causou um silêncio absoluto na sala com cerca de cinquenta pessoas. Ou seja, eu sabia que não havia meta, ninguém sabia o número de pessoas interiorizadas e qual seria o resultado no final no mês.

Diante dessa constatação, estava nítido que era necessário rever urgentemente o conceito, o modelo e o direcionamento de todo o empenho dos militares. A Operação parecia ter atendido os requisitos iniciais, isto é, retirar as pessoas das ruas e abrigá-las. Mas naquele momento, com doze abrigos lotados de gente, parecia que tinham perdido o foco na solução, e a Operação passava a ser uma ação assistencialista para imigrantes. Estava na hora de mudar o rumo da Operação.

Eu sabia que tudo era uma questão de objetivo e propósito, pois enquanto as pessoas eram acolhidas, dava-se a impressão de que estava tudo bem, mas na prática, não estava. Descobri que algumas pessoas estavam nos abrigos há 1 ano recebendo três refeições diárias, remédios, atendimento médico e segurança 24 horas por dia. Dessa forma, muitos pareciam estar acomodados e não buscavam uma alternativa para começar a vida de maneira autônoma.

Com esse pensamento em mente, enviei uma mensagem ao ministro Onyx Lorenzoni, da Casa Civil: "Caro ministro, podemos nos reunir esta semana para tratar sobre a Operação Acolhida e como agilizar o processo de interiorização? Se não tomarmos medidas pontuais, receio que uma tragédia venha a acontecer em Roraima".

Após cinco minutos recebi a seguinte resposta: "Venha para Brasília. Pode agendar com o major Leandro, da Casa Civil". Logo, o desafio era usar a razão e argumentação, sabendo que o ministro tinha o poder nas mãos para tomar medidas emergenciais de assistência aos refugiados.

No dia designado, apresentei ao ministro e seus assessores um plano de ação para intensificar o programa de interiorização, cujo objetivo era proteger a imagem das Forças Armadas, da Casa Civil, do presidente da República, da população de Boa Vista e dar condições de recomeço de vida a um número maior de imigrantes. Para isso precisaríamos aumentar a frequência de voos saindo de Roraima.

Hoje, agradeço ao ministro Onyx pelo apoio imediato que recebi. Além dos voos da FAB, passamos a ter voos fretados para várias cidades do Brasil, e o transporte terrestre dos refugiados para Manaus se tornou mais frequente. Os imigrantes eram transportados pelo Exército até Manaus e de lá partiam, através do acordo de cooperação, com as companhias aéreas. Você deve ter se perguntado: "Mas por que não partiam de Boa Vista?".

Até hoje Boa Vista oferece apenas três voos diários, um voo de cada companhia aérea. Esses voos sempre estiveram lotados. Por outro lado, de Manaus havia mais de trinta opções de voos diários. Por essa razão fazia sentido enviar os passageiros de ônibus até Manaus, uma distância de oitocentos quilômetros, e de lá aguardar para seguir viagem ao Sul ou qualquer canto do país onde houvesse a opção de acolhimento.

Com o objetivo de acomodar os imigrantes em Manaus enquanto aguardavam para seguir viagem, fui conversar com o padre Ronilson.

- Padre, você teria um lugar em Manaus onde os refugiados pudessem passar uma noite ou duas antes de seguir viagem?

- Vou falar com o padre João Luis. Ele tem uma chácara a uns trinta quilômetros de Manaus, acho que ele pode nos socorrer. E quem vai providenciar o transporte?

- As Forças Armadas.

- Mas a chácara não tem colchões, mesas, cadeiras, fogão ou geladeira.

- Não se preocupe padre, nisso damos um jeito.

Foi assim que demos início ao primeiro ponto de recebimento de venezuelanos em Manaus. O padre Ronilson conseguiu o lugar gratuitamente, a força-tarefa ofereceu o transporte e alimentação, e eu consegui doações dos artigos básicos para acomodação, ficava encarregado pelas reservas de voos através das companhias aéreas cooperadas. Mais tarde foi inaugurado o Hub de Manaus, e posteriormente o ATM (Abrigamento Temporário de Manaus).

Nos últimos meses de minha atuação em Roraima, eu tive a satisfação de trabalhar lado a lado com o general Barros. Sua prioridade era acelerar o processo de interiorização, e sua meta inicial era ousada: 3 mil interiorizados por mês. Logo me tornei seu aliado número um.

Em um encontro que tivemos no Palácio do Planalto, ele me perguntou:

- Carlos, do que você precisa para nos auxiliar a cumprir essa meta?

A resposta já estava pronta em minha cabeça:

- General, eu preciso de três coisas: Transporte terrestre diário para os refugiados irem até Manaus, acomodação em Manaus para os refugiados enquanto aguardam a hora de embarcar e acesso aos assentos vagos da Gol e da Latam. - Até então eu operava somente com o apoio da Azul.

O general concordou com os três pontos e selamos nosso acordo com um aperto de mãos.

De alguma forma estávamos muito alinhados, pois ele tinha também uma preocupação pelos refugiados que estavam nas ocupações espontâneas. Naquela época, meu foco também era auxiliar os refugiados abandonados nas ocupações. Havia mais de dez prédios públicos em Boa Vista invadidos por imigrantes que não encontravam lugar nos abrigos.

A Operação Acolhida possuía uma estrutura formidável composta por quinhentos militares treinados, preparados e qualificados. Além disso, mais de cem agências colaboravam com a Operação. O que muita gente não entendia era como todo esse pessoal com orçamento milionário costumava interiorizar 3 mil pessoas por mês, e minha equipe de duas pessoas e sem orçamento conseguia interiorizar uma média de mil pessoas por mês.

Certo dia resolvi chocar meus companheiros Geraldo e Pedro, convidando-os para visitar duas dessas ocupações. Pedro, sempre questionador, logo perguntou:

- O que vamos fazer lá, Carlos? Vamos levar comida para esse pessoal?

- Claro que não, Pedro. Estamos juntos há quase 2 anos e parece que você ainda não entendeu meu pensamento.

- Quer dizer que você está pensando em...

- É isso mesmo, interiorização!

- E para onde você pretende mandar esse pessoal?

- Aguarde, amigo. Logo você saberá.

Começamos visitando uma ocupação onde funcionava a antiga Secretaria de Administração do estado. Imagine um grande galpão com inúmeros quartos e corredores estreitos sem nenhuma luz. A imagem de uma prisão era semelhante, tal claustrofobia aquele lugar nos fazia sentir. A cor escura das paredes deixava a sensação ainda mais sufocante. No local havia cerca de quatrocentos refugiados, sendo a metade crianças. Era chamado de Criança Feliz, mas feliz ali só havia o nome.

Logo que chegamos fomos rodeados por uma multidão de gente. Queriam saber que notícias trazíamos. Eu comecei falando.

- Pessoal, quem quer sair daqui e ir a outra parte do Brasil?

Quase todos levantaram a mão.

- Queremos saber quem tem um parente, amigo, conhecido ou oferta de trabalho em outra parte do Brasil. Quem cumprir essas condições pode viajar amanhã mesmo.

Logo as pessoas começaram a levantar a mão dizendo que tinham um ponto de apoio em algum estado do Brasil.

- Meus amigos Geraldo e Pedro, agora vocês têm uma missão importante: anotar os nomes de todo esse pessoal, verificar sua documentação, vacinas, contato do acolhedor e, mais importante, verificar se o acolhedor está apto e disposto a receber a família. Se a resposta for positiva, amanhã mesmo vamos trazer um ônibus aqui e levá-los até Manaus, diretamente ao aeroporto, e de lá vão embarcar para uma nova vida.

No final do dia eles tinham nomes suficientes para lotar um ônibus com cinquenta passageiros. No dia seguinte fizemos o mesmo exercício na ocupação onde funcionava a antiga Secretaria de Educação do estado, aquele local tenebroso descrito no capítulo anterior. Lotamos mais um ônibus com cinquenta pessoas. A mídia local logo tomou conhecimento dessa ação voltada às pessoas mais vulneráveis. A Rede Globo e a Band foram ao local acompanhar e documentar a saída dos primeiros imigrantes interiorizados partindo das ocupações.

Felizes com o resultado alcançado, meus assistentes me procuraram sorridentes:

- Missão cumprida, chefe!

- O que vocês querem dizer com missão cumprida? Já esvaziaram todas as ocupações de refugiados da cidade?

- Bem, fomos às duas que você indicou. Mas o restante do pessoal não tem a documentação ou vacinas em dia, ou então não tem alguém para acolhê-lo.

- E agora, vocês vão fazer o quê?

- Vamos esperar eles ficarem prontos.

- Não acredito. Parece que vocês trabalham para essas agências de refugiados que ficam aguardando, aguardando, aguardando e os processos não andam. Nada disso, meus amigos.

- Mas o que você quer agora? Quer nos enviar para outras ocupações?

- Esta semana me reuni em Brasília com o general Antônio Barros, que acabou de assumir o comando da Operação. Ele tem a meta de interiorizar 3 mil imigrantes por mês e conta com nossa contribuição. Estamos na última semana de janeiro e precisamos de mais seiscentas pessoas para atingir a meta do general.

- Pera aí, Carlos! Somos somente uma equipe de dois e a Operação Acolhida tem mais de quinhentos militares. São mais de cem agências. Agora você quer que nós dois em menos de uma semana encontremos mais seiscentas pessoas para interiorizar?

- Sim! É exatamente isso que espero de vocês!

- Mas onde que vamos encontrar tanta gente em poucos dias?

- Vocês sabem onde fica a rodoviária de Boa Vista, certo? Pois bem, todos os dias ao meio-dia milhares de refugiados se aglomeram naquele local para receber um prato de comida. Amanhã quero que vocês vão a esse local e sigam o mesmo procedimento que fizemos nas ocupações. Vocês vão se surpreender com o resultado.

Então quem se manifestou foi o Geraldo.

- Mas ouvi falar que tem alguns militares e agências que controlam aquele local de distribuição de alimentos. O que vai acontecer se eles começarem a questionar o que estamos fazendo?

- Esteja preparado, Geraldo. Eles vão questioná-lo.

- E o que vamos dizer?

- Pode dizer que o general Barros lhes deu a meta de interiorização e vocês estão trabalhando para cumprir as ordens do general.

Essa foi uma lição que aprendi com a professora Christy, ainda quando era um jovem estudante da Universidade de Brigham Young. Em uma aula de filosofia ela disse que um soldado sempre assumia a ordem de um superior. Se, por exemplo, um familiar do soldado cometesse algum ato ilegal e o soldado precisasse repreendê-lo, ele cumpriria a ordem superior sem qualquer hesitação, mesmo sabendo que aquele era um familiar. E foi assim que Geraldo e Pedro seguiram exatamente a orientação dada.

Até hoje guardo com emoção em meu celular o áudio que recebi no dia seguinte do Pedro: "Carlos, você não vai acreditar. Tudo que você disse aconteceu. Temos gente suficiente para encher uns dez ônibus".

Na verdade, os únicos que estavam surpresos eram eles. Eu sempre defendi a ideia de que um terço de todos os imigrantes que estão em Roraima tem um ponto de apoio em outra parte do país. A única razão por que não seguem viagem é devido à burocracia, à lentidão dos processos, e, é claro, à inércia por parte de alguns. Depois, Pedro continuou com a explicação:

"Quando chegamos ao meio-dia à rodoviária tinha mais de mil pessoas enfileiradas esperando para ganhar um prato de comida. Quando começamos a convidar as pessoas para o programa de interiorização criamos um grande alvoroço no local. As pessoas por um instante esqueceram a fome e nos cercaram querendo informações. Do jeito que você falou, aconteceu. Logo um militar veio nos questionar: 'Quem são vocês? O que estão fazendo aqui?'. 'Trabalhamos com a interiorização. Estamos seguindo as ordens do general Barros.' Quando ouviram essa resposta, logo conseguiram mesas, cadeiras, ofereceram água, suco, café. Se colocaram à disposição para auxiliar."

Sempre vou lembrar com gratidão dessa experiência. Antes de terminar o mês, auxiliamos mais de oitocentas pessoas a deixarem Boa Vista, que saíram das ocupações e da fila do almoço na rodoviária. Mais tarde os coronéis responsáveis pelo programa de interiorização reconheceram o valor do trabalho realizado por Geraldo e Pedro nessa ação direcionada aos refugiados mais vulneráveis.

Alguém vai se perguntar: "Que tal a meta do general Barros?". Terminamos o mês de janeiro de 2020 com 3.250 pessoas interiorizadas. É claro que o general estava supersatisfeito, acabara de assumir o comando e já estava superando a própria meta.

O mês de fevereiro começou, e um militar me disse:

- Este mês vai ser impossível atingir 3 mil pessoas interiorizadas.

- Mas por que você diz isso?

- Você sabe, esse é um mês curto. Além do mais, tem o Carnaval. Sabe como é a cultura do brasileiro, ninguém faz nada até passar o Carnaval.

Eu fiquei inconformado com a previsão negativa em relação ao mês que acabara de começar. Com todo o respeito somente lhe respondi:

- Não sei o que os quinhentos militares da Operação e as dezenas de agências vão fazer em fevereiro, mas neste mês minha equipe de duas pessoas irá interiorizar mais de mil pessoas.

Ele me olhou com um ar de desconfiança, como quem diz: "Esse cara é maluco mesmo!".

No mesmo dia chamei Geraldo e Pedro.

- Meus amigos, parabéns pelo resultado de janeiro, mas em fevereiro vocês vão quebrar esse recorde. A meta desse mês é ultrapassar mil refugiados interiorizados. Vocês topam?

Ambos concordaram e prometi uma comemoração especial para eles e as esposas no final do mês. É incrível o que um pequeno incentivo e reconhecimento pode fazer para motivar as pessoas superarem seus limites. Quando chegou o dia 29 de fevereiro eu estava em Campinas acompanhando uma pequena cirurgia que minha esposa havia feito e recebi esta mensagem do Pedro:

"Pode ficar tranquilo aí em Campinas. Lembra da meta de mil pessoas até o final do mês? Já ultrapassamos ela. Terminamos o mês com 1386 pessoas interiorizadas. A maioria dessas pessoas saiu das ocupações e da rodoviária."

Essa experiência me fez lembrar de um conceito que uso com frequência no mundo corporativo: "Um indivíduo jamais irá além de suas expectativas". Se não tivessem sido desafiados, talvez tivessem obtido o mesmo resultado do mês anterior.

Nos últimos meses em que estava em Roraima, cada vez que visitava essas ocupações espontâneas tinha a sensação de dever cumprido. Conhecia as pessoas pelo nome e percebia que era recebido pelo que sou, e não pelo que tenho. Ninguém sabia quem era o Carlos Wizard naquele local inóspito. Essa é a maior herança que posso deixar para meus filhos: entrar num lugar de cabeça erguida, mesmo que nesse lugar não saibam quanto dinheiro tenho na conta, meu patrimônio ou o nome de minhas empresas. E, mesmo assim, ser recebido com um sorriso, um olhar de esperança, um abraço ou um desejo genuíno de uma conversa despretensiosa.

11

¿ADÓNDE VAMOS NOSOTROS, HERMANO MARTINS?

Uma das experiências mais emocionantes dessa missão humanitária era o momento da chegada de cada família à casa de apoio em Boa Vista.

Eu sempre procurava conhecer um pouco de sua história de vida, sua decisão de deixar tudo para trás e partir rumo ao desconhecido. Sentávamo-nos às vezes debaixo de uma árvore frondosa ali no quintal da casa, onde se reunia toda a família: pai, mãe, filhos, às vezes avós ou outros familiares. Cada família trazia uma história de superação, sofrimento, angústia. Dores que não eram esquecidas e nem podiam ser ignoradas. Era visível na face de cada um o sacrifício da longa viagem, da travessia dos perigos que passaram pelo caminho.

Após ouvir o relato dos adultos minha atenção se voltava para as crianças. Eu queria que elas se sentissem parte daquele momento tão memorável. Eu me interessava em saber em qual ano escolar estavam. Para os menores eu pedia para que contassem os números. Costumava perguntar se tinham medo de subir no avião e depois dizia:

"No hay que tener miedo. Si tiene miedo de montar en el avión, todo que necesita hacer es cerrar los ojos y hacer una oración. Inmediatamente el miedo se va."

Passados alguns dias, quando eu acompanhava a família ao aeroporto, antes de embarcar eu perguntava aos pequenos:

"O que precisa fazer se ficar com medo?"

Eu me emocionava quando eles me davam a resposta exata: fechar os olhos e fazer uma oração.

Após esse contato de boas-vindas, quase sempre faziam a mesma pergunta:

"¿Adónde vamos nosotros, hermano Martins?"

Para todos eu dava a mesma resposta.

"Temos dezenas de cidades com acolhedores esperando a chegada de uma família venezuelana, mas, não importa para onde vocês vão. Eu tenho a convicção em meu coração que Deus os conhece, e Ele já preparou o caminho para que vocês possam seguir avante, trabalhando, estudando, progredindo e servindo o próximo, com autossuficiência e dignidade."

Sendo que em 2 anos de missão acolhemos mais de 12 mil refugiados, passei por essa experiência pelo menos 3 mil vezes. Faltaria papel para descrever a emoção de cada um desses momentos. Citarei alguns casos que jamais esquecerei.

Certa noite, ao entrevistar uma família composta por pai, mãe e uma filha, a senhora disse que precisava de tratamento médico.

– *Hermano Martins, tengo una condición especial de salud. ¿A qué ciudad de Brasil usted recomienda irnos?*

– *¿Usted podría compartir cuál es su condición de salud?*

– *Tengo cáncer de tiroides.*

Respirei fundo e pedi um tempo antes de lhe responder. Voltei para casa naquela noite com uma certeza: precisaria da inspiração divina para encontrar a cidade mais adequada para acolher essa família. Vânia sugeriu enviar a família para Barretos, onde há um dos maiores centros de tratamento oncológico do Brasil. Liguei ao líder da Igreja em Barretos, expliquei a situação e perguntei se poderiam acolher a família.

- Podemos acolher sim! Porém não temos uma casa preparada de imediato. Precisamos ainda localizar o imóvel, negociar o aluguel, fazer o contrato, fazer uma campanha de arrecadação de artigos domésticos, roupas, alimentos etc. Acho que em duas ou três semanas tudo vai estar pronto.

Apesar de achar muito tempo concordei:

- O.k., combinado. Posso te ligar durante a semana para saber sobre o imóvel?

- Sim, fique à vontade. Pode me ligar a qualquer momento.

Meu desespero aumentava cada vez que ligava e descobria que ainda não haviam encontrado o imóvel. Passados dez dias, comecei a questionar se a família deveria ir para Barretos. Naquele momento peguei a lista de cidades onde havia acolhedores com casas prontas e comecei a buscar inspiração. Eu não sabia por onde começar. Olhava a lista repetidas vezes e intimamente me questionava: *Como saber? Com quem falar? Talvez eu precise ligar para todas as cidades da lista até encontrar um apoio.*

Por alguma razão, senti o ímpeto de ligar para um contato em Santa Catarina, na cidade de Joinville.

- Boa noite, é o irmão Euzébio?

- Sim, é ele mesmo - respondeu a voz do outro lado da linha.

- Estou ligando de Roraima, pois recebemos uma família da Venezuela - eu disse, pausadamente. - Gostaria de fazer uma consulta. Por acaso em Joinville há um hospital especializado no tratamento de câncer?

Eu mal terminei de falar e ele respondeu:

- De fato aqui há dois centros oncológicos, um público e um particular.

- A razão da consulta é que recebemos uma família e a esposa precisa fazer um tratamento de câncer.

Ele perguntou:

- Você sabe qual tipo de câncer ela tem?

Respondi que era câncer de tireoide, e em seguida ele respondeu:

- Então você ligou para o lugar certo! Minha esposa teve câncer, fez a cirurgia, o tratamento e passa bem. Um membro da igreja aqui de Joinville também teve câncer de tireoide. Ambos estão curados.

Diante daquela feliz coincidência, fiquei exultante.

- Que noticia excelente, irmão Euzébio. Podemos enviar a família para sua cidade?

Sua receptividade não poderia ser melhor:

- Pode, sim. Vamos recebê-los com todo carinho. Inclusive tem um membro da igreja aqui que é médico e trabalha no hospital da cidade. Vamos dar todo o apoio a essa senhora.

Quando encerrei a chamada foi difícil conter as lágrimas, pois mais uma vez tive a confirmação que essa obra não era minha, mas era de Deus, e acima de tudo Ele estava conduzindo o destino de cada um. O mais curioso aconteceu no dia seguinte, quando recebi uma ligação. Sabe de onde? Isso mesmo, de Barretos.

- Bom dia, Carlos. Finalmente encontramos uma casa. Pode enviar a família para cá.

Agradeci, expliquei a situação, e o líder da igreja compreendeu.

Certa vez a Vânia ouviu que havia chegado em Boa Vista um homem deficiente visual carregando nos braços uma bebezinha de 1 ano de idade. De acordo com o que ela soube, esse pai estava nas ruas e era membro da Igreja de Jesus Cristo dos Santos dos Últimos Dias. Esse fato chamou a atenção de Vânia, e isso não saiu mais de sua mente. Ninguém tinha informação sobre o paradeiro do tal refugiado deficiente visual.

E agora, o que vou fazer para encontrar esse homem com a criança?, ela se perguntava.

Passados alguns dias, ela foi levar remédios a um dos abrigos da cidade, onde havia mais de seiscentos refugiados. Quando já estava saindo, a funcionária que a acompanhava disse:

- Sabe, Vânia, essa semana chegou aqui um pai deficiente visual com uma filha nos braços. Parece que eles são membros de sua Igreja.

Seu coração disparou. Ela ficou surpresa e comovida:

- Onde eles estão agora?

- Acho que estão no ambulatório médico - respondeu a moça.

- Eu preciso falar com esse pai - disse, ansiosa.

- Você os conhece?

- Não, não conheço - disse respirando fundo -, mas fiquei sabendo que haviam chegado na cidade.

As duas caminharam até o ambulatório e o coração de Vânia parecia disparar de emoção, pois tinha a sensação de que deveria encontrar esse homem.

- Bom dia, eu me chamo Vânia e estou numa missão humanitária aqui em Roraima. Como o senhor se chama?

- Me chamo Carlos Eduardo Vilanueva, e essa é minha filhinha, Carley.

Vânia perguntou onde estava a esposa e o homem pausou por um instante, como se não quisesse falar, daí perguntou:

- Você também é membro da Igreja?

- Sim, eu e meu marido somos missionários da Igreja. Pode falar, irmão. Gostaria de saber como podemos ajudá-lo.

Então, ele baixou os olhos e disse pausadamente:

- Eu não tenho esposa. Antes de vir ao Brasil morávamos na Colômbia, fugimos da fome da Venezuela. Lá aconteceu uma coisa terrível: um dia um carro atropelou minha esposa. Ela morreu no acidente. Perdi meu filho de 2 anos. A justiça da Colômbia disse que eu não era apto a cuidar dele. Só ficamos eu e minha filhinha, Carley. Depois dessa tragédia viemos ao Brasil.

Naquele instante, Vânia congelou a expressão. Em sua mente, a imagem da mulher sendo atropelada, o funeral, o sofrimento daquele marido que perdera a esposa e depois o filho de 2 anos. Ficou calada por alguns instantes tentando se recompor do choque e continuou:

– Bem, irmão Vilanueva, lamento profundamente toda essa dor e angústia que você passou. Não sei ainda como podemos ajudá-lo, mas Deus sabe. Vamos orar pedindo inspiração.

Vânia saiu do abrigo naquele dia com o coração na mão. Já tínhamos acolhido até então mais de 3 mil pessoas, conseguido emprego, moradia e escola para os filhos, mas como auxiliar um deficiente visual, pai de uma menina de 1 ano de idade?

Sua maior preocupação era a segurança da criança. Já havia gangues na cidade que se aproximavam das jovens mães venezuelanas na tentativa de raptar bebês. O que dizer do risco de uma criança cujo pai era deficiente visual?

Enquanto Vânia se inspirava para encontrar uma solução, todos os dias íamos ao abrigo visitar o amigo Vilanueva. Certo dia o encontramos dormindo no colchão dentro da barraca, enquanto sua bebezinha brincava sozinha. O medo da Vânia somente aumentava. *A qualquer momento, essa criança pode ser raptada*, ela pensava, apreensiva.

No dia seguinte falamos com ele para saber se precisava de alguma coisa. Ele disse que não precisava de nada, pediu apenas fraldas para a menininha. Era visível o estado de penúria daquele pai na barraca. Eu insisti para saber o que mais ele precisava. Um pouco encabulado ele disse:

– Sabe, *hermano* Martins, nos últimos meses perdi muito peso. Minha calça vive caindo. Se você puder me conseguir um cinto para segurar a calça, eu agradeço. – No mesmo dia levamos um cinto e algumas peças de roupa para ele.

No dia seguinte, quando voltamos para visitá-lo, o receio da Vânia sobre a segurança da criança aumentou ainda mais.

– Você não sabe o que aconteceu, *hermano* Martins. Ontem enquanto eu dormia, um malandro entrou em nossa barraca.

O coração da Vânia gelou naquele instante.

– Ele me roubou o cinto.

Naquele instante a Vânia abriu seu coração e compartilhou com ele seu maior receio: o rapto de sua filhinha. Tentando encontrar as palavras certas, ela resolveu fazer uma consulta:

- Irmão Vilanueva, às vezes acordo à noite pensando como ajudá-lo e como proteger sua filha. Não me leve a mal, é apenas uma consulta, mas gostaria de saber se em algum momento o senhor considerou colocar sua filhinha para adoção?

Ele respondeu com a voz embargada:

- *Hermana* Vânia, você sabe que sou membro da Igreja. Toda minha vida fui fiel aos mandamentos de Deus. Por alguma razão Deus levou minha esposa e meu filho de 2 anos. Tudo que tenho hoje é minha filhinha de 1 ano. Você acha que eu daria a outra pessoa tudo que me sobrou? Se eu entregar ela para adoção, não vai me sobrar mais nada.

Naquele instante, não havia mais nada a dizer. Nos abraçamos e nos emocionamos. Aquele era um ato supremo de amor. O pai não cogitava perder o que havia de mais precioso em sua vida. Estar diante daquele homem, que tinha tanto carinho pela filha, nos fazia ter certeza de que ele seria amparado por Deus para poder zelar por ela.

Ao sairmos do abrigo tínhamos uma certeza: Não estávamos diante de um homem qualquer. Estávamos diante de alguém com coragem e determinação, uma pessoa com um caráter inviolável e uma postura madura sobre a família. Uma pessoa coerente que sabia que tudo lhe havia sido tirado, até a visão, mas ele não podia renunciar ao bem mais precioso que lhe fora confiado.

Esse sentimento foi mais uma vez renovado quando lhe perguntei no dia seguinte como ele fazia para se manter com sua limitação visual. Sem hesitar ele respondeu:

- Tenho uma profissão. Sou vendedor ambulante. Nunca dependi dos outros para me sustentar.

Naquele momento me veio à mente o número de pessoas cuja visão é perfeita e reclamam da vida, transferindo a responsabilidade de se manter para terceiros. Era diante de homens como ele que eu via que ele não tinha visão, mas enxergava com a alma.

Na busca de encontrar acolhimento para esse pai amoroso e sua filha, certo dia Vânia telefonou para a Alba, uma jovem venezuelana que por muito tempo trabalhara na Fraternidade Sem Fronteiras em Boa Vista e que naquela época morava em Campinas. Após explicar a situação, Alba respondeu:

- Vânia, eu conheço um centro espírita chamado Ceareiros de Jesus na cidade de Jataí, em Goiás. Os fundadores são o médico Joaquim Rocha e sua esposa, Zélia Rocha. Eles têm uma instituição dedicada ao cuidado de pessoas com deficiências. Vou consultá-los e lhe dou retorno.

No mesmo dia, Alba nos retornou a ligação cheia de alegria.

- Vânia, deve ser coisa de Deus!

- O que aconteceu? Você conseguiu? Fala de uma vez, menina - Vânia estava ansiosa.

- Liguei para a sra. Zélia em Jataí. Ela disse que pode enviar o pai e a filha para lá. Eles vão dar todo o apoio necessário.

Pulando com o celular em mãos, minha esposa não parava de agradecer.

- Nossa! Que maravilha. Que bênção! Você tem razão, Alba, isso é coisa de Deus!

Quando Vânia falou com a sra. Zélia e contou a história desse homem religioso, cheio de fé, ela se surpreendeu com sua resposta:

- Sabe de uma coisa, Vânia? A Igreja de Jesus Cristo dos Santos dos Últimos Dias fica a uma quadra de nossa instituição. Assim a família será assistida pelos espíritas e pelos mórmons. Além disso, quando ele chegar ao aeroporto vamos levá-lo diretamente para fazer uma consulta em um oftalmologista.

Vânia ficou exultante com essa notícia. Mas nada se compara com o que dona Zélia lhe falou duas semanas após a chegada da família em Jataí:

– O Carlos Vilanueva perdeu totalmente a visão no olho esquerdo, porém, ele fez uma cirurgia no olho direito e conseguiu recuperar 50% da visão.

Vânia emocionada apenas disse:

– Zélia do céu! Um milagre precisava acontecer. E o milagre aconteceu.

Muitas vezes, quando eu estava diante desses episódios, algo me fazia crer que a mão de Deus atuava, intervindo a favor dos que se moviam para auxiliar o próximo e, principalmente, agindo para aliviar o sofrimento de quem buscava um alívio para a alma. Aquele homem cansado de sofrer, depois de perder esposa e filho, mesmo sendo deficiente físico, cuidava e sustentava sua única filha, sabendo que ela era seu maior tesouro. Ele nunca tinha perdido a fé. Ao ponto de, mesmo que parcialmente, recuperar sua vista.

A última vez que perguntei sobre ele à amiga Zélia, ela me disse:

– Ele está superbem, não se preocupe. Trabalha como jardineiro na cidade, e a Carley já recuperou o peso. Está bem gordinha.

Na missão humanitária, solidariedade, compaixão e emoção são a tônica no dia a dia. Cada vez que penso no relato a seguir, fico emocionado. Quando os conheci em Boa Vista, eles fizeram a pergunta habitual:

– *¿Adónde vamos nosotros, hermano Martins?*

– *Yo no lo sé, ustedes no lo saben. Solamente el Señor lo sabe* – respondi com o espanhol que aprendi em Roraima.

– *¿Puedo pedirle un favor?* – o chefe da família perguntou.

– *Sí, como no* – foi minha resposta.

– *¡Por favor envíenos a un lugar donde haya muchas abejas!* – foi o pedido daquele imigrante.

Quando comecei a escrever este livro, pedi para a Virginia Zapata relatar sua própria história, porque não queria perder nenhum detalhe de sua grande jornada. Ela contou que durante os primeiros anos de casamento, seu marido tentou vários empreendimentos.

"No entanto, nenhum teve êxito. Desanimado, meu esposo José Antonio Guevara decidiu buscar um emprego fixo, que nos desse segurança e estabilidade. Ele conseguiu o emprego e passava a semana toda fora de casa, não tinha tempo para mais nada. Não era isso que queríamos para nossa família."

Mais tarde, seguindo seu espírito empreendedor, José Antonio pediu as contas na empresa e decidiu trabalhar por conta própria. Começou de forma simples. Comprava frutas no campo e vendia na cidade, mas com o passar do tempo a crise se agravou no país.

"Nosso filho mais novo nasceu. Não havia leite nos supermercados. Tínhamos que sair nos sítios em busca de leite de vaca ou de cabra para o bebê. Certo dia, na busca por leite, conhecemos um apicultor que produzia e vendia mel. Meu esposo, muito curioso, logo se interessou em conhecer sobre a criação de abelhas e o comércio de mel.

"Oramos a Deus e José Antonio decidiu vender mel na autoestrada que passava em frente ao sítio onde morávamos. Nunca vamos nos esquecer da data de 9 de julho de 2015. Meu marido arrumou uma mesa de plástico com quinze frascos de mel na beira da estrada, fixou um cartaz em que se lia 'vende-se mel' e ficou à espera dos clientes. Logo parou um carro e comprou um frasco. Depois, mais um carro parou e levou outro pote de mel. Passado um tempo, o terceiro cliente parou e levou mais um. José Antonio estava superfeliz com as vendas."

Para ele, que era um homem otimista, o pensamento foi lógico:

Já vendi três frascos de mel. Ainda tenho doze potes. Se continuar assim, até o fim do dia vendo tudo e volto para casa com os bolsos cheios de dinheiro.

Porém, ele jamais conseguiria imaginar o que lhe aconteceria. De repente, uma carreta gigante passou pela estrada em alta velocidade. Quando passou, o vento foi tão forte que fez voar a mesa de plástico com os potes de mel. Resultado: oito potes de mel se espatifaram no chão e José conseguiu salvar quatro potes. Apesar do acidente, José Antonio não desistiu. Continuou na estrada até vender o último frasco.

"Quando meu marido me contou essa história, fiquei desesperada. Muito triste mesmo. Mas ele parecia tranquilo e feliz. Eu queria saber o porquê e lhe perguntei:

"Você acabou de ter um grande prejuízo no primeiro dia vendendo mel e você ainda esta tão calmo e feliz?

"- Sim, meu amor - foi a resposta.

"- Não entendo você. De repente enlouqueceu? - reagi.

"- Veja, querida, acabei de descobrir que temos um excelente ponto de venda. Amanhã será outro dia. Tudo de que precisamos é arranjar uma mesa mais pesada que resista ao vento das carretas."

Com essa determinação, todos os dias José Antonio acordava cedo e montava sua venda de mel à beira da estrada. A cada dia as vendas aumentavam. Até que, um dia, ele voltou para casa com uma ideia nova na cabeça.

- Querida, nós compramos mel do produtor. Que tal a gente se tornar o produtor? - perguntou com entusiasmo.

- Mas o que você entende de produzir mel? - questionou Virginia.

- Não entendo nada. Mas já pesquisei e descobri que há cursos de qualificação para se tornar apicultor.

Em seguida, economizaram o dinheiro para fazer os cursos e investir nos materiais para produzir o próprio mel. Foi assim que compraram as cinco primeiras colmeias. Depois mais cinco.

Mais tarde, passaram a vender mel em grandes quantidades, em várias partes do país. Além de mel, vendiam também própolis e geleia real. O negócio estava progredindo de forma inacreditável, até que, em janeiro de 2018, foram surpreendidos por um assalto. Virginia relatou o seguinte:

"Roubaram todo nosso estoque de mel e, pior do que isso, os bandidos destruíram nossas colmeias. Esse fato nos arrasou financeira e emocionalmente, pois amávamos as abelhas e entendíamos sua importância para o ecosistema."

Devido a esse incidente e à situação do país ficar cada vez pior, resolveram orar a Deus para saber o que deveriam fazer.

"A resposta foi que deveriamos vir ao Brasil. Mesmo confiando na resposta, às vezes eu me perguntava: *Que loucura é essa? Deixar tudo para trás. Nossos familiares, nosso negócio, tudo que construímos. Nossas abelhas.*"

Com esperança, coragem e fé, partiram para Pacaraima levando os três filhos: Anthonella, Simon e José Antonio, que ganhou o nome do pai por ter nascido no dia do apicultor.

"Emocionalmente foi uma viagem muito dura. Choramos durante todo o caminho. Na época meu esposo estava enfermo. No entanto, sabíamos que estávamos fazendo o certo", ela conta.

Chegaram a Boa Vista e nos conhecemos.

"Naquele instante não fazíamos a menor ideia de quem era Carlos Wizard. Meu esposo, querendo impressionar, contava que era um grande empresário na Venezuela."

Durante a nossa primeira conversa, perguntei a ele:

- Em sua opinião, qual é o negócio do momento?

Sem hesitar, ele respondeu:

- Petróleo, ouro e mel.

Ri muito com aquela resposta inusitada e, em seguida, perguntei se tinham preferência por alguma cidade do Brasil. José Antonio respondeu que gostaria de ir a um lugar com muitas abelhas.

Quando lhes informei que iriam para Campos dos Goytacazes, eles me perguntaram:

- Em Campos tem muitas abelhas?

Respondi com sinceridade:

- Não sei dizer, nunca fui para Campos. Tenho apenas uma certeza: não importa para onde vocês forem, Deus prepara o caminho melhor do que vocês conseguem imaginar.

Em seguida dei a eles um livro que eles consideraram um dos melhores presentes que ganharam na vida: *Desperte o milionário que há em você.*

Virginia conta que, para eles, a leitura do livro foi fundamental. "Ele se tornou um guia para nosso progresso no Brasil."

Chegaram em Campos no dia 20 de novembro de 2018. Logo ele começou a procurar trabalho. Certo dia, parou em uma loja especializada em venda de madeira:

- Gostaria de saber se vocês vendem caixas para criação de abelhas - perguntou.

Para sua surpresa, ouviu a resposta:

- Você por acaso é apicultor?

E ele respondeu:

- Sim, acabei de chegar da Venezuela e pretendo criar abelhas aqui na cidade.

O homem abriu um sorriso e disse:

- Então você vai nos socorrer. Venha comigo aqui na frente da loja, vou lhe mostrar algo.

Curioso, José Antonio acompanhou o senhor até a frente da loja, sem saber ao certo o que ele queria. Apontando para o topo da fachada, disse:

- Está vendo aquele enxame de abelhas? Já faz tempo que está ali. Já tentamos de tudo para espantar as abelhas e não conseguimos. Queremos instalar um painel luminoso ali, mas ninguém tem coragem de mexer com essas abelhas.

Naquele instante, ocorreu um dos tantos milagres que aconteceriam em Campos para a família Guevara. O dono da loja se propôs a comprar os trajes, equipamentos e materiais necessários para um apicultor, na condição de que José pudesse retirar as abelhas dali.

Nos dias subsequentes, José Antonio descobriu que havia outras lojas na cidade com o mesmo "problema". Logo ele passou a oferecer seus serviços aos comerciantes.

Certo dia, tempos depois, entrei em contato com eles e perguntei:

– Amigo Guevara, encontraram alguma abelha em Campos?

Para minha surpresa, ele respondeu:

– Sim, sim. Elas estão por todas as partes aqui. As pessoas não conseguem enxergá-las, mas eu as vejo por onde ando.

Quando se deram conta, já tinham um pequeno apiário em Campos e estavam vendendo mel para amigos, vizinhos e comerciantes da cidade. Pouco tempo depois foram entrevistados pelo Globo Rural, e após essa entrevista receberam ligações de vários comerciantes, inclusive da loja Mundo Verde, que passou a comprar seu mel.

Atualmente, estão num processo para aumentar a produção e fornecer mel para toda a rede Mundo Verde.

– Quando chegamos a Boa Vista jamais poderíamos imaginar que um dia nos tornaríamos parceiros de negócio daquele homem que nos recebeu com tanta cordialidade. Com Carlos Wizard, aprendemos a pensar grande e sonhar alto. Nosso objetivo agora é ganhar escala e ter apiários em diferentes partes do país, assim nos tornaremos os maiores produtores de mel do Brasil. Faremos isso capacitando e treinando outras pessoas a entender o potencial e a importância das abelhas.

Todos os dias alguém pergunta a eles:

– Estão com vontade de voltar a seu país?

E eles respondem:

– Temos saudades de nosso país e da nossa família que ficou para trás, mas o Brasil é nossa terra prometida, um país de oportunidades inigualáveis, um país onde os sonhos se tornam realidade. Já acreditamos que no Brasil podemos nos tornar milionários!

Após vivenciar centenas de experiências como essas, como duvidar de que essa é uma obra de Deus?

Todos esses relatos revelam nossa insignificância diante da grandeza do Criador. Ele poderia fazer tudo sozinho, mas é tão misericordioso que nos dá o privilégio de sermos pequenos instrumentos em suas mãos e testemunhas de sua manifestação na vida das pessoas.

Encerro este capítulo com uma experiência que jamais esquecerei. Eu me preparava para ir a Brasília para um encontro no Palácio do Planalto. Antes de partir, meu plano era conhecer uma família que acabara de chegar da Venezuela. Já se aproximava a hora do voo. Eu tinha apenas poucos minutos disponíveis. Por um instante, pensei: *Vou de passagem à casa, ou não vou? Falo com a família, ou não falo? Vai adiantar alguma coisa um contato tão breve?*

Por outro lado, eu pensava: *Eles esperaram por tanto tempo pelo momento de saber para onde irão, quem sabe pelo resto de sua vida?*

Segui a intuição e resolvi passar rapidamente para conhecê-los. Cheguei na casa correndo e me desculpando:

- Satisfação em conhecê-los. Desculpe, mas tenho apenas alguns minutos. Estou a caminho do aeroporto.

O casal e seus dois filhos me convidaram para me sentar e conversar um pouco, mas eu respondi, preocupado:

- Me perdoem. Se vocês não se importam, podemos conversar em pé? Se eu ficar mais tempo, corro o risco de perder o voo. Tenho uma lista com cinquenta cidades oferecendo acolhimento. Um instantinho e já lhe digo para onde irão.

Enquanto olhava o cadastro com a relação de cidades, tentando definir o local para onde iriam, o pai, mãe e os dois filhos se olhavam sabendo que dali sairia a cidade de destino, onde iriam começar sua nova vida em um novo país. Entre todos os possíveis locais, tive um sentimento forte em relação a uma cidade.

- Vocês vão para Curitiba! - anunciei.

Naquele instante, aconteceu algo inesperado. A senhora me abraçou e começou a chorar copiosamente. Eu, sem graça, olhava para o marido e para os filhos, e ela continuava me abraçando e chorando. Então perguntei:

- Por que a senhora está tão emocionada?

– Sabe, *hermano* Martins, ontem tive um sonho. E no sonho eu vi nossa família chegando na cidade de Curitiba.

Naquele instante quem se emocionou fui eu. Só deu tempo para tirarmos uma foto e parti imediatamente. Durante todo o voo fiquei pensando sobre o que havia ocorrido. Algumas coisas não sabemos explicar, mas simplesmente acontecem. São sinais de que não estamos sozinhos. São sinais que provam que estamos sendo guiados por Deus, que nos aponta o caminho.

Quando finalmente confiamos de que o melhor está por vir, entregamos a Deus tudo aquilo que desejamos. É nesse momento que os milagres nos encontram. É aí que nos comovemos com uma vida que jamais imaginávamos que poderíamos desfrutar.

12

MEXENDO A PANELA

Como relatei nos primeiros capítulos, uma das primeiras pessoas que conheci em Boa Vista foi a empresária Áurea Cruz, que abandonou seus negócios para alimentar milhares de pessoas a cada dia na igreja Consolata. Ela vinha de uma família tradicional em Roraima, era professora, diretora de colégio, e em seu íntimo tinha o sonho de ter o negócio próprio. Ao longo dos anos, juntou dinheiro suficiente para abrir uma pizzaria. Escolheu um ponto no melhor bairro da cidade, o Caçari. Desde o início, a pizzaria Takuara foi um sucesso.

Certo dia, ao sair de casa, assustou-se ao ver a quantidade de venezuelanos nas ruas em busca de comida. A partir daí, começou a carregar leite e bolachas no carro, e quando parava no sinal dava aos refugiados.

Certo dia, o padre Revislande, da igreja Consolata, ligou para ela dizendo que estava fazendo comida para os imigrantes que viviam nas ruas. Ele precisava de ajuda. Ainda era o ano de 2016, na época o padre contava com voluntárias que cozinhavam três vezes por semana. Em seguida, saíam para distribuir a comida aos venezuelanos que ficavam nas ruas de Boa Vista.

As mulheres da igreja recebiam as doações. Havia um rapaz de uma granja que dava os miúdos, os ovos e entre um batizado e outro angariavam alguns quilos de arroz. Mas na maioria das vezes, Áurea ainda tirava dinheiro do próprio bolso para fazer as refeições acontecerem.

No início faziam cem refeições, depois passaram para duzentas e logo estavam preparando trezentas refeições por dia. Era algo assustador, porque o número de venezuelanos aumentava a cada dia. Elas levavam a comida para quem estava pedindo nos semáforos e aquilo acontecia de forma desordenada. As pessoas corriam desesperadas para não perder um prato de alimento.

Parou para pensar. Tinha nascido ali, amava aquela cidade, não queria sair de casa e achar normal as pessoas pedindo dinheiro na rua, como se fosse parte da paisagem. Logo pensou consigo: *Eu tenho que ser proativa, agente desta mudança.*

- Muita gente fica incomodada, mas fazer algo para mudar a situação poucos fazem - confidenciou. - Quantas pessoas vêm de fora para ajudar nossa cidade?

Preocupada, certo dia procurou o padre Revislande:

- Ninguém come apenas três vezes por semana, não é mesmo, padre?

E foi assim que começaram a fazer comida de segunda a sábado. Formou-se um grupo inter-religioso onde todos se uniam para auxiliar. E, como Áurea mesma dizia, assim ela se tornou a “pidona” da cidade. Onde ia, pedia recursos, um litro de óleo, um pacote de arroz, feijão, batatas. Se antes achava que não podia divulgar o que estava fazendo, porque uma mão não precisa saber o que a outra faz, dali em diante começou a divulgar aquela ação, para que o maior número de pessoas pudesse contribuir.

Criou um grupo no WhatsApp chamado “Mexendo a Panela” e começou a organizar as doações e os voluntários que iriam cozinhar. Costumava dizer: "Quem não puder encher a panela, vem mexer a panela".

É importante lembrar que na época não havia qualquer estrutura organizada de abrigos. Quando as Forças Armadas chegaram em 2018, essas mulheres de bom coração já estavam há quase 1 ano fazendo e distribuindo comida. No início, os militares começaram a desocupar as praças públicas, mas os refugiados não tinham para onde ir. Assim, os sem-teto foram se abrigar na frente da igreja Consolata, e o padre Revislande, sensível à causa dos refugiados, viu que não poderia deixar as pessoas ao relento. Então resolveu abrigá-las. De repente, quase mil desabrigados foram morar dentro da igreja e as voluntárias passaram a servir 3 mil refeições por dia.

Certa vez, chegando na Consolata, não havia óleo para cozinhar. "Estou preocupada com o óleo", disse em voz alta. Como que por um milagre, chegou um empresário com uma picape com a carroceria lotada de garrafas de óleo, e disse brincando: "Por que estava tão preocupada, mulher de pouca fé?".

Felizmente, pessoas de todas as religiões começaram a entregar mantimentos na igreja para manter as refeições distribuídas pelo Mexendo a Panela. A partir daquele momento, Áurea percebeu que o milagre da multiplicação somente era possível graças ao milagre da partilha. Uma coisa complementava a outra.

Após oito meses do início do Mexendo a Panela, foi construído o primeiro abrigo para a retirada das oitocentas pessoas que viviam dentro da igreja. Na mesma noite em que esses refugiados foram retirados, outros setecentos surgiram e se aglomeraram em frente à igreja. E foi numa noite de forte chuva que Áurea viu a cena mais chocante de sua vida.

"A cena que marcou minha vida foi quando setecentas pessoas estavam em volta da igreja, eu sabia que naquela madrugada haveria uma tempestade e o Exército iria retirá-las de lá."

Eram pessoas que tinham chegado depois que a igreja havia sido desocupada, e ficavam instaladas nas ruas no entorno, como um ponto de apoio.

Sabendo que naquela madrugada o ônibus do Exército chegaria para socorrê-los, Áurea estava em casa tranquila, serena, sossegada. Mas um temporal arrasador começou a cair na cidade, e ela começou a ter um sentimento forte de inquietação. A chuva era tão forte quanto sua aflição, e isso a fez pegar o carro e correr até a igreja. Sabia que se o Exército ainda não tivesse chegado, ela deixaria pelo menos que entrassem para esperar a chuva passar. Quando chegou no portão da igreja, viu uma imensa lona preta estirada no chão no pátio. Áurea imaginou que todos já tivessem saído para um lugar seguro. *Devem ter deixado as coisas aqui debaixo da lona para escapar da tempestade*, pensou ela.

No entanto, quando viram que um carro havia chegado, ela viu o que jamais imaginara. Debaixo da imensa lona preta não havia pertences, havia cerca de setecentas pessoas que estavam deitadas no chão, todas molhadas. De repente, os refugiados começaram a sair correndo de baixo da lona. Eles não tinham sido retirados ainda. Estavam todos ali encharcados, mães, crianças de colo, idosos, espremidos, tentando se proteger da chuva torrencial que não parava de cair.

Para ela a cena foi chocante porque as pessoas saiam dali como se fosse um formigueiro. "Nunca imaginei na vida que veria essa cena."

Imediatamente, ela correu para abrir a porta da igreja e os abrigou até que o Exército chegasse. Naquele instante, sentiu que Deus havia tocado em seu coração para ir até lá socorrer aqueles desassistidos.

O que teria acontecido se Áurea não tivesse aparecido? Jamais saberemos.

Quatro anos após a criação do Mexendo a Panela, a Operação Acolhida instalou doze abrigos na cidade, acomodando e alimentando 7 mil refugiados. Áurea, por sua vez, desenvolveu uma ação humanitária organizada que conta com a ajuda de diversas instituições religiosas e da população da cidade em geral. Juntas elas distribuem cerca de 50 mil refeições por mês.

Assim, o movimento Mexendo a Panela passou a oferecer refeições para quem não estava abrigado. Religiosamente, às dez da manhã toda comida está pronta para ser distribuída. "Porque a fome não espera e não é porque estamos fazendo voluntariado que podemos servir cada dia num horário. Temos um compromisso com as pessoas." Pontualmente ao meio-dia elas vão ao lado da rodoviária onde o Exército organiza as filas com milhares de refugiados em busca de um prato de comida.

"A comida que levamos à rodoviária é a mesma comida que eu como todos os dias." Isso ela conta com gosto de quem sabe que é preciso servir algo com a qualidade que se gostaria de ter em casa. Áurea continua: "Não é tão simples ir dormir todas as noites sabendo que no dia seguinte há a responsabilidade de alimentar tantas famílias".

Até hoje, diariamente, ela sempre sofre quando olha para as crianças.

"É uma infância roubada", me disse com lágrimas nos olhos. "No Natal distribuímos cachorro-quente e brinquedo para cada criança. Um menino me perguntou: 'Tia, posso devolver o brinquedo e ficar com dois cachorros-quentes?'. Isso me partiu o coração."

Mesmo com esta gratidão pelas pessoas que contribuem, ela desabafa: "O amor que essas crianças precisam, nenhuma agência do mundo pode dar. São pessoas das igrejas que vão dar o afeto e carinho que esses pequeninos precisam e merecem". Isso ela me disse emocionada. "As ações das agências têm muitos protocolos a seguir. O amor ao próximo não tem protocolo. Para a fome e a miséria não pode haver protocolo." Conclui dizendo: "Nosso protocolo é o evangelho de Jesus Cristo".

Não pode haver protocolos para amar o próximo, para matar a fome de uma pessoa.

Áurea Cruz

13

HUMANIDADE SEM FRONTEIRAS

Durante os vinte meses que passei em Roraima, o que mais me sensibilizou foi ver pessoas de diferentes condições sociais, culturas, etnias, ideologias, credos e fé, todas unidas num único objetivo: acolher pessoas com dignidade e humanidade.

Eram católicos, espíritas, batistas, adventistas, mórmons, evangélicos de diversas denominações, gente sem religião, mas todos praticando a compaixão, solidariedade e amor ao próximo.

"Olhe nos olhos de uma criança refugiada. Se isso não mudar algo dentro de você, nada irá mudar." Quem me disse isso foi a colega Vanessa Epifânio. Ela veio de Manaus, trabalhava como voluntária em Boa Vista e via situações que partiam seu coração. Certo dia foi levar comida na rodoviária e ouviu uma criança dizer: "Tia, tia, que bom que você veio, trouxe comida?". Ela abraçou aquela criança e aquilo mexeu muito com ela. Vanessa diz que nunca tinha visto um olhar de desesperança em uma criança. Já tinha visto em revistas, mas presencialmente ficou com o coração em pedaços. *Por que posterguei tanto estar aqui?*, perguntou a si mesma. Daí, não parou mais.

A primeira coisa que ela constatou foi que muitos venezuelanos chegavam doentes a Roraima. Através de médicos voluntários, ela passou a organizar ações de saúde. Na época surgiu uma figura emblemática, era a dona de uma farmácia, que doava medicamentos sem contestar.

O início dos trabalhos da Fraternidade Sem Fronteiras foi com a vinda de Wagner Moura. Ele chegou a Roraima em outubro de 2017. Logo, imerso na questão da crise humanitária venezuelana, Wagner se ofereceu para criar um centro de acolhimento para famílias com crianças. Inicialmente ele convidou Vanessa e Alba para trabalhar nessa causa, e João Paulo Reis foi nomeado coordenador.

O centro de acolhimento foi montado no bairro Senador Hélio Campos, na periferia da cidade. Era uma área de chácara alugada, um local precário e nos períodos de chuva ficava todo alagado. Apesar de suas limitações, a preocupação era capacitar os refugiados para estarem aptos ao trabalho. Assim, ofereciam oficinas para que aprendessem a consertar bicicletas, marcenaria, e voluntários da comunidade ensinavam outras habilidades. Também conseguiram professores voluntários que fossem ao abrigo para dar aulas de português, além de aulas de dança, balé e hip-hop para crianças. E assim, houve até uma mostra de dança da Fraternidade Sem Fronteiras.

Com todas as dificuldades orçamentárias, de pessoal e de estrutura que enfrentaram, o abrigo da Fraternidade Sem Fronteiras foi um dos espaços mais humanos que conheci de acolhimento aos refugiados. Desde sua inauguração, no final de 2017, até sua mudança em julho de 2019 para o bairro São Vicente, cerca de setecentas pessoas foram acolhidas naquele espaço.

Além dos grupos inter-religiosos, era comum vermos iniciativas conduzidas por cidadãos roraimenses. Pessoas sem filiação a qualquer organização, mas que estavam engajadas, de alguma forma, em diminuir a fome e fazer caridade aos necessitados.

Esse era o caso de Denise Cavalcante, uma advogada que estava acompanhando o fluxo migratório desde 2016. Com frequência, ela reunia as amigas para fazer macarrão e carne moída para distribuir nos locais onde houvesse uma pessoa faminta.

Em 2017, quando a OAB Roraima criou a comissão da criança e do adolescente, ela foi nomeada presidente dessa comissão e começou a atuar em prol das crianças, antes mesmo da chegada das agências e da própria UNICEF, que chegou em março de 2018.

De acordo com ela: "Começamos a perceber que havia uma lacuna muito grande entre o que diz a lei e a efetividade destes direitos. E aí começamos a participar mais ativamente. Das reuniões nasceu a ideia de criarmos um projeto de assessoria jurídica para os refugiados. Uma assessoria gratuita e voluntária".

Denise conversou com a diretoria da faculdade Estácio de Sá, em Boa Vista. Juntos montaram um projeto mobilizando todos os cursos da faculdade, com alunos interessados em fazer trabalho voluntário.

Dessa maneira um aluno de enfermagem, por exemplo, participava do projeto com seu coordenador de curso. O aluno de engenharia ajudava na Operação com engenheiros do Exército. A aluna de educação física fazia atividades recreativas. Os alunos de direito faziam atendimentos com advogados no Posto de Triagem.

Assim, a comunidade acadêmica de Boa Vista de diferentes instituições de ensino deu uma contribuição importante de apoio aos imigrantes residentes ou de passagem por Roraima.

Certo dia o celular tocou. Quando atendi logo recebi uma saudação inesperada:

- Sr. Carlos Wizard? O senhor é o herói da interiorização! - foi assim que recebi a primeira ligação de uma roraimense chamada Cida Lacerda. Não a conhecia pessoalmente, mas sabia que ela tinha insistido em conseguir meu número de telefone e queria falar comigo.

Jornalista, Cida tinha um programa na TV local e na rádio, e, como a própria dizia, "educava a população", explicando como deveriam lidar com a chegada dos amigos venezuelanos.

Dona de um coração gigante, ela tinha abraçado a causa dos refugiados logo que começaram a cruzar a fronteira. Como seu marido era exportador de massa para se fazer arepa (comida típica venezuelana), no início doava massa de arepa aos refugiados.

Sua ligação era para fazer um convite. Queria que eu fosse entrevistado em seu programa. Logo que nos encontramos no estúdio da rádio, ela foi pragmática:

- A interiorização é a solução. É isso que as pessoas precisam entender. Quando o senhor ajuda os venezuelanos, o senhor está ajudando todos nós roraimenses!

A entrevista de repente virou um bate-papo. Em determinado ponto ela me disse:

- Quando soube que um casal trabalhava com a interiorização, logo busquei saber sobre você. Nossa! Carlos Wizard, o bilionário, está em Roraima. Era uma lenda urbana!

Cida era taxativa ao dizer que, sem o engajamento da sociedade civil, a situação estaria muito pior. Ela sensibilizava a população, através de sua voz no rádio, no programa mais ouvido da região.

- Se você tem o que comer, agradeça a Deus. Pense nessas pessoas que estão andando quilômetros tentando sobreviver em busca do mais básico da sobrevivência humana: água, alimento, teto e medicamento. Se quem está me ouvindo tem tudo isso, agradeça a Deus.

Perguntei por que ela dedicava tanto do seu trabalho e energia à causa humanitária, e ela respondeu:

- Eu bato nessa tecla para acalmar os corações. Porque não vai parar de chegar gente aqui e nós precisamos aprender a conviver com isso.

O mais surpreendente das nossas conversas era o desfecho otimista dela:

- A vida da gente é cheia de esperança. Assisto a conto de fadas, acredito em final feliz e as coisas difíceis que acontecem na vida são para a gente crescer e aprender. Vai passar. Tudo passa. É um aprendizado para o povo venezuelano, e para o povo de Roraima.

Por eu também acreditar em final feliz, certo dia ela resolveu me ligar. Eu estava com o carro parado num cruzamento esperando o sinal abrir quando o telefone tocou:

- Olá, Carlos, aqui é a Cida. Acabei de passar em frente à igreja de São Francisco e naquele cruzamento há uma família completa de refugiados. Pai, mãe e cinco filhos. Eu falei rapidamente com eles e disse que iria mandar alguém para socorrê-los.

- Cida, você não vai acreditar onde estou agora. Estou com o carro parado no semáforo bem em frente à igreja de São Francisco e já avistei a família. Eles estão no canteiro da avenida debaixo de uma árvore. Deixa comigo, já vou falar com eles.

Estacionei o carro, atravessei a avenida, me apresentei e começamos a conversar. Descobri que o Manuel e sua esposa, Dalimar, haviam chegado ao Brasil já fazia seis meses. Ainda não tinham trabalho e viviam conforme a caridade que recebiam dos moradores da cidade. O filho mais velho tinha 12 anos e a bebezinha, que nascera em Boa Vista, tinha três meses. Expliquei que caso me autorizassem, eu poderia tirar uma foto da família e compartilhar nas redes sociais na tentativa de conseguir uma vaga de emprego e moradia para eles.

Eles entenderam, concordaram e, assim, foram fotografados. Em menos de 24 horas o empresário Alexandre Caldeira, da cidade de Joaçaba, em Santa Catarina, havia me contatado e oferecido uma vaga de emprego e moradia para a família.

Enquanto viver vou me lembrar com carinho desse gesto generoso de minha amiga Cida, que, sensibilizada diante da carência daquela família, resolveu agir imediatamente.

Outro exemplo: até hoje não sei como o empresário Alex Vilela teve coragem de sair de São Paulo, deixar o aniversário de 1 ano da filhinha e passar uma semana fazendo serviços voluntários em Roraima.

Em outra ocasião, recebi em Boa Vista o advogado Adriano Abdo, de São Paulo. Ele chegou no mês de dezembro e logo me disse:

- Quero visitar uma invasão clandestina, ou melhor, uma ocupação espontânea.

Estávamos perto do ao Natal. Quando chegamos ao local, havia mais de duzentas crianças brincando na terra, e ele me perguntou:

- Será que essas crianças vão ganhar algum presente de Natal?

- Acho que não - respondi.

- Então vamos já para uma loja de brinquedos. Vou comprar um presente para cada criança. Não quero que o Natal passe em branco para elas. Depois me leve ao supermercado, quero trazer bastante comida para elas. Afinal, esse é o mês do Natal.

Ele conseguiu dois gorrinhos vermelhos de Papai Noel e ficamos até escurecer naquela ocupação distribuindo brinquedos e alimentos. Certamente foi uma noite inesquecível para todas aquelas crianças.

Era uma tarde de terça-feira quando recebi uma mensagem por WhatsApp:

"Sou a dra. Mariângela Andrade, coordenadora do Núcleo de Saúde do Ministério Público de Roraima. Preciso falar com você e sua esposa."

Li três vezes a mensagem, olhei para Vânia e, preocupado, questionei:

- O que pode ter acontecido? Fizemos algo errado? Irão questionar nosso programa de interiorização? Vão avaliar a saúde dos refugiados? O que será que querem conosco?

Sem saber o que viria pela frente, Vânia e eu fomos apreensivos ao Ministério Público nos encontrar com a tal doutora. Quando entramos em seu escritório, ela se levantou de sua mesa e veio até a porta nos saudar:

- Que honra recebê-los em meu escritório. Já ouvi muito bem a respeito do trabalho que vocês desenvolvem em Roraima. Eu me identifico com a causa dos refugiados. Gostaria de saber como posso ajudar.

Olhei aliviado para Vânia, um tanto descrente, e ao mesmo tempo querendo acreditar naquela jovem doutora, que falava com uma voz mansa e suave.

Quando Mariângela chegou a Roraima, vinda de Belo Horizonte, morou durante quarenta dias no Hospital Geral de Roraima (HGR). Atendia no turno da noite, chamado de Cinderela. Certa madrugada, ao atender uma senhora de 72 anos com uma dor abdominal terrível, a neta dela entrou na conversa e disse:

- É a terceira vez que minha avó vem aqui. Somente dão a ela um remedinho e mandam voltar para casa.

Mariângela deitou a paciente numa maca e apalpou sua barriga. A neta continuou:

- Sabe, doutora, é a primeira vez que alguém põe a mão na barriga da minha avó.

Perplexa, pediu exames e ficou aguardando. Quando viu o resultado, ficou espantada: a mulher precisava de uma cirurgia de emergência. Só que ao conversar com um dos médicos que tinha atendido da outra vez, ele disse:

- Não se preocupe, doutora. Ela só quer um atestado médico para não ir trabalhar.

Muito humana, ela respondeu:

– Doutor, ela tem 72 anos. Não precisa de atestado.

"Eu não queria estar num lugar em que ninguém respeita a dor de ninguém", ela confidenciou para mim certa vez.

Mariângela desejava atuar em prol dos refugiados com deficiência e com necessidades especiais. A partir daquele encontro, ela e Vânia começaram a visitar alguns abrigos e essa iniciativa tomou grande dimensão. Quando ambas entravam em um abrigo, parecia um formigueiro de gente correndo atrás de um pedaço de doce. Eram os mais diversos tipos de solicitações. Pessoas que queriam empregos, queriam sair de Boa Vista, queriam atendimento médico, dentário, cadeira de rodas, dinheiro para trazer um parente que ficou para trás na Venezuela.

Dra. Mariângela conseguiu, junto a uma clínica, um preço adequado para fazerem ressonâncias em casos específicos. Com os laudos em mãos, ela conseguia fazer diagnósticos mais precisos. Era comum que ela parasse o carro nas ocupações espontâneas, procurasse o líder da comunidade e perguntasse quais eram as necessidades daquela ocupação, pedindo um relatório com nome e tipo de deficiência. Visitava um a um, pegava as crianças no colo, conversava com os pais.

Ela atendia voluntariamente milhares de pessoas, sempre com o semblante calmo e uma generosidade ímpar. Quando visitamos juntos a ocupação Criança Feliz, foi ao lado de uma senhora de 90 anos, que não tinha uma simples bengala, que ela deixou escorrer algumas lágrimas. Com um cabo de vassoura improvisado, a mulher tentava se equilibrar.

Quando foi atender nos abrigos, via cenas que chocavam profundamente, como a do paciente que teve alta do hospital e voltou ao abrigo, mesmo com um tumor de mais de seis quilos. Ele precisava de morfina de quatro em quatro horas, pois quase não conseguia se movimentar. Dra. Mariângela o levou de volta ao HGR. Se porventura as atendentes recusassem um paciente em estado grave, imediatamente através do Ministério Público ela faria um pedido para judicializar o atendimento. Assim, ela passou a ser amada por alguns e odiada por outros.

Sua humanidade extrapolava os limites dos abrigos. Na penitenciária do estado, com frequência ela visitava os presos em condições precárias. Certa vez, ela me convidou para, juntamente com Vânia, irmos acompanhá-la numa ação de saúde aos detentos. Vânia hesitou por um instante, pois nunca havia entrado em um presídio. Mas inspirados no versículo "estive na prisão e fostes me visitar" (Mateus 25:36), Vânia e eu entramos pelos corredores escuros da cadeia e observamos as celas superlotadas da prisão. Naquele dia, a dra. Mariângela fez mais de 172 atendimentos. Todos os detentos a respeitavam. Mais tarde ela nos disse:

"Quando estou na cadeia, eu não vejo criminosos, bandidos, assassinos. Eu vejo seres humanos, filhos de Deus. Se até Jesus Cristo perdoou o malfeitor que estava ao seu lado na cruz, quem sou eu para julgar?" Depois acrescentava: "Sim, eles devem pagar pelo erro cometido. Mas devem ser tratados com humanidade, e não como animais selvagens".

Houve um momento em que Mariângela se deu conta de que muitos presos estavam com tanta sarna que elas iam para a cabeça. Precisavam com urgência de máquinas para raspar o cabelo. Solidária, Vânia foi providenciar as máquinas para os detentos. E justo naquela tarde, minha esposa escorregou, caiu e fraturou o braço.

Sempre que vejo exemplos como esse, de pessoas incansáveis que dedicam tempo, energia, amor ao próximo, vejo que existem anjos de Deus na Terra. Como a própria Mariângela disse: "Nem sempre é fácil carregar a cruz do outro, mas se as pessoas se colocassem ao lado, ou tentassem ajudar a carregar, ou segurassem só um pouquinho pra aliviar o peso, quem sabe o mundo poderia ser melhor". Depois acrescentou: "O pouco que a gente faz já é muito para quem hoje não tem nada".

Essas são as mãos que curam dessa mulher incrível. Não porque têm o poder da caneta nas mãos, mas porque tem muito amor ao próximo no coração. Sempre me lembrarei da forma carinhosa como ela se dirigia às pessoas mais simples, sempre chamando-as de "meu amor", "meu bem", "meu bebê". Tenho certeza de que algumas pessoas, ao serem tratadas com tanto amor pela dra. Mariângela, puderam sentir o amor de Deus por elas.

Vendo tantas pessoas unidas num propósito de servir, dei-me conta de que Boa Vista me ensinou mais da vida do que eu poderia imaginar. Boa Vista me ensinou que milagres são constantes onde pessoas de fé estão unidas em cuidar do outro. Ensinou-me que cada um tem uma dádiva a oferecer ao próximo. E que cada ato praticado com amor retorna a você multiplicado.

14

POR QUE SOCORRER ESTRANGEIROS

Uma das passagens da Bíblia que me inspirava a cada dia na missão humanitária era esta: "Assim já não sois mais estrangeiros, nem forasteiros, mas concidadãos dos santos e membros da família de Deus" (Efésios 2:19).

Esse versículo deixa claro que para Deus não há estrangeiros. Somos todos seus filhos. Ele ama todos indistintamente.

Desde que cheguei a Roraima, quase todas as semanas sou criticado nas mídias sociais pela minha ação de acolhimento dos venezuelanos. As pessoas me perguntam:

- Por que ajudar o pobre estrangeiro, quando há tantos pobres no Brasil?

Em primeiro lugar, quem faz esse pré-julgamento esquece de verificar quais ações faço em benefício da população carente do Brasil. Não divulgo, não preciso divulgar, estou ciente do ensinamento proferido no sermão da montanha:

1. **Guardai-vos de fazer a vossa esmola diante dos homens, para serdes vistos por eles; aliás, não tereis galardão junto de vosso Pai, que está nos céus.**

2. **Quando, pois, deres esmola, não faças tocar trombeta diante de ti, como fazem os hipócritas nas sinagogas e nas ruas, para serem glorificados pelos homens. Em verdade vos digo que já receberam o seu galardão.**
3. **Mas, quando tu deres esmola, não saiba a tua mão esquerda o que faz a tua direita;**
4. **Para que a tua esmola seja dada em segredo; e teu Pai, que vê em segredo, ele mesmo te recompensará publicamente. (Mateus 6:1-4)**

Considerei muito os versículos acima antes de começar a escrever este livro. Jamais tive a intenção de que ele pudesse ser considerado um ato de exibicionismo ou de autopromoção. Mas percebi que não adiantava ser referência e inspiração para tantas pessoas como empresário, se essas mesmas pessoas não soubessem o que faço nos bastidores e o que de verdade preenche minha alma.

O que preenche a minha alma não é o lucro em todas as minhas empresas. O que preenche a minha alma é saber que estou atuando no lugar onde sou necessário, que dia após dia essa missão me aproxima de meu propósito de vida, que é amar a Deus e servir seus filhos aqui na Terra. Quando o relato de minha vida for contado, espero que alguém diga: "Eis um homem que viu mais em mim do que eu conseguia ver em mim mesmo".

Outra razão para escrever este livro é convidar mais empresários e cidadãos do bem a participar dessa corrente do bem. Tenho plena consciência de que não trabalho sozinho. Todo resultado alcançado nessa ação humanitária somente foi possível graças ao apoio precioso de milhares de pessoas em todo o Brasil que doaram seu tempo e recursos para dar a mão a quem estava chegando em sua cidade.

Quando encontro uma criança tenho o hábito de perguntar sua idade. Minha esposa diz que preciso parar de dizer para as crianças que elas parecem maiores e com uma idade a mais do que realmente têm. Vânia diz isso porque as crianças venezuelanas geralmente chegam a Boa Vista abaixo do peso e da estatura ideal.

Esse costume faz parte de meu ato de olhar para aquele pequeno ser, enxergar onde posso depositar a confiança para que ela entenda que é maior do que parece ser. Será que podemos censurar a própria vontade de desejar que uma criança se sinta maior do que realmente aparenta? No fundo, sempre somos maiores, mas o olhar dos outros que nos enxerga maior do que somos é que nos faz entender quem realmente somos.

Por isso, quem questiona o beneficiário do socorro não tem a menor noção da diferença entre um pobre brasileiro e um refugiado. Refugiado faz parte de um grupo de 5 milhões de pessoas que deixaram seu país por se encontrarem num estado de vulnerabilidade extrema, sem o mínimo de recursos ou dignidade.

O refugiado é uma pessoa que abre a torneira de sua casa e não sai água. Ele tenta acender a luz da casa e não tem energia. Tenta usar a internet e não tem sinal. Ele manda o filho para a escola, mas não tem aulas. Vai ao mercado fazer compras e não tem comida nas prateleiras. Vai à farmácia comprar remédios e as prateleiras estão vazias. Ele quer trabalhar, mas não encontra uma vaga de emprego, e se ele tiver a sorte de conseguir um trabalho, o salário que vai receber no final do mês é o suficiente para comprar um pacote de trigo e meia dúzia de ovos.

Quando foi que você viu um pobre brasileiro enfrentar essa situação? Eu nunca vi. Muitas pessoas ainda perguntam se nunca estive nas regiões mais pobres de São Paulo para ver a situação dos moradores de rua, e eu devolvo a pergunta: "Por acaso você já esteve numa ocupação espontânea e viu um refugiado em uma situação de vulnerabilidade extrema?".

Outro engano é pensar que o refugiado é semelhante a alguns mendigos, indigentes, desqualificados profissionalmente, sem instrução ou profissão definida. Pelo contrário, no caso dos refugiados venezuelanos, a grande maioria já tem formação acadêmica e profissional definida.

Certa vez, enquanto dirigia meu carro na avenida Leroy, em Boa Vista, observei uma família sentada debaixo de uma árvore com o cartaz: "Procuro trabalho". Parei o carro e fui conhecê-los. Enmanuel era técnico de estruturas metálicas na Venezuela. Sua esposa Yeide se encarregava de cuidar dos filhos. Tirei uma foto do casal com seus seis filhos pequenos e no mesmo dia postei nas redes sociais.

Recebi dezenas de contatos de empresários dispostos a acolhê-los. A família logo seguiu para Telêmaco Borba, no Paraná, foram acolhidos pelo empresário Cleverson Souza, da empresa Passaúra. Atualmente, Enmanuel trabalha em sua profissão e mantém a família com seus próprios esforços. Seus filhos todos estão estudando.

Em outra ocasião, encontrei um casal no semáforo da avenida major Williams, também em Boa Vista. O rapaz lavava para-brisas dos carros, enquanto a esposa cuidava de dois filhos pequenos. Novamente parei o carro e fui conhecê-los. Para minha surpresa ele era engenheiro agrônomo. A esposa também era estudante universitária. Deixaram seu país fugindo da fome. Com sua autorização, fotografei a família e compartilhei sua história nas redes sociais.

O empresário Vanderlei Copini, da cidade de Planalto, no Paraná, se prontificou a receber a família. Atualmente, Rosmer e sua esposa, Stephanie, estão trabalhando.

Em outra ocasião, eu estava saindo do abrigo Rondon 2 em Boa Vista e fui abordado por uma senhora:

- Moço, moço, você poderia me ajudar?
- Pois não. O que a senhora precisa?
- Eu e meu marido precisamos sair daqui.
- Vocês já fizeram o cadastro no programa de interiorização?
- Sim, já fizemos. Estamos esperando a resposta.
- Faz quanto tempo que estão esperando?

– Sete meses.

– Mas seu cadastro teve algum problema, está faltando algum documento ou vacinas? Por que a demora?

– A documentação está toda pronta e as vacinas também.

– Então qual foi o problema?

Ela respondeu em voz baixa, como se precisasse esconder algo:

– É porque temos muitos filhos.

– Quantos? – perguntei.

– Temos oito.

–E qual é o problema?

– Acontece que eles dão prioridade para quem tem poucos filhos, e nós ficamos sempre para o final da fila.

Enquanto ela falava, um filme rodava na minha cabeça. Minha esposa veio de uma família de oito. Eu, de uma de sete. Poderíamos ser nós ali, esperando dentro de um campo de refugiados. Talvez deixados em segundo plano e esquecidos por sermos uma família numerosa.

Em seguida, pedi para falar com seu esposo. Fui até a barraca, onde conheci os oito lindos filhos daquela mãe apreensiva para sair de Boa Vista.

Naquele mesmo dia encontrei um acolhedor na cidade de Cascavel. Nos dias que se seguiram, a família embarcou para começar uma nova vida. Hoje, Luís trabalha e as crianças estão na escola. Ver a foto daquela família ainda na barraca me dá forças para promover a transformação.

Somos um país gigante com mais de 200 milhões de habitantes. A pergunta que faço é: será que 200 milhões de habitantes não conseguem acolher 10 mil pessoas? Claro que conseguem. Basta uma dose de empatia, compaixão e solidariedade.

Sem contar que somos um país de imigrantes. Se você olhar para seu sobrenome, provavelmente poderá concluir que seu antepassado veio da Europa, do Oriente Médio, da África ou da Ásia. Uma coisa posso lhe garantir: quando seu antepassado chegou como imigrante ao Brasil, não chegou aqui com uma mala cheia de dinheiro. Possivelmente chegou apenas com a roupa do corpo, e, através do trabalho duro, começou uma nova vida. Assim, afirmo com toda certeza, ou você é indígena ou é imigrante.

Já fazia mais de 1 ano que estava buscando apoio de empresários que pudessem oferecer uma vaga de emprego aos refugiados. Como se tivesse vindo dos céus, um dia o telefone tocou:

– Quem está falando aqui é o Adelmo, de Campinas. Estou acompanhando seu trabalho em Roraima e gostaria de colaborar.

– Sua ligação é resposta de minhas orações, amigo. Sim, na próxima vez que for a São Paulo vamos conversar pessoalmente.

Tinha conhecido o dr. Adelmo Emerenciano havia 30 anos. Quando comecei a empreender em Campinas, ele também começava sua empresa na cidade. Depois de se estabelecer como um dos maiores advogados brasileiros, com um escritório com mais de trezentos advogados, atendendo às maiores empresas do Brasil, ele estava sentindo o desejo de contribuir para a sociedade, e foi dessa forma que se engajou na missão.

Foi assim que surgiu a organização Trabalho Sem Fronteiras. Uma iniciativa de um grupo multidisciplinar de profissionais voluntários, preocupados com a situação enfrentada por quem atravessa fronteiras, abandonando seu país de origem. O enfoque principal da ação é: absorver a mão de obra recém-chegada ao país, uma vez que todos se sentem "um estranho em uma terra estranha".

Sabíamos que sem vínculos ou referências, pessoas competentes e técnicos capacitados acabavam assumindo trabalhos de caráter informal, degradando sua própria condição de existência. Quebrar essa rotina e construir um círculo virtuoso com o aproveitamento correto das habilidades e competências profissionais de cada um foi o propósito que uniu a todos.

Atualmente, o dr. Emerenciano e eu nos unimos e criamos a plataforma chamada Trabalho Sem Fronteiras, onde empresas podem ter acesso a um banco de dados com cerca de 18 mil currículos de refugiados para inclusão no mercado de trabalho, uma vez que muitos possuem graduação universitária ou técnica, possuindo, frequentemente, ótima capacitação profissional.

Aqueles que não tiverem qualificação ou experiência serão inseridos em programas para aprimorar seus conhecimentos e adquirirem uma profissão. Grandes empresas, como a Companhia Siderúrgica Nacional, logo abriram suas portas e abraçaram o projeto. A cada passo que dávamos, percebíamos que movimentávamos centenas de famílias.

Segundo a ONU, 29% dos venezuelanos possuíam alguma formação especializada (ensino médio técnico, tecnólogo ou faculdade) completa ou incompleta, com quase 15% tendo frequentado uma universidade.

Os especialistas que estudam a questão migratória no mundo afirmam que não há país mais bem preparado para receber imigrantes do que o Brasil. Sem contar que hoje temos mais brasileiros que deixam o país e migram para Portugal, Espanha, Itália, Inglaterra, Estados Unidos, Canadá, Austrália do que o número de imigrantes que chegam ao Brasil.

Portanto, a pergunta que abre este capítulo, sobre o socorro a pobres ou estrangeiros, deve ser reformulada. Afinal, como podemos julgar quem é merecedor de socorro e quem não é? Que humanidade seria essa? Só seremos caridosos com quem achamos que merece nosso amparo? Em minha trajetória tenho procurado seguir estes versículos:

> **"Pensai em vossos irmãos como em vós mesmos. Sede amáveis para com todos e liberais com vossos bens, para que**

vossos irmãos sejam ricos como vós. Mas antes de buscardes riquezas, buscai o reino de Deus. E depois de haverdes obtido uma esperança em Cristo, conseguireis riquezas, se as procurardes. E procurá-las-eis com o fito de praticar o bem, vestir os nus, alimentar os famintos, libertar os cativos e confortar os doentes e aflitos." (Jacó 2:17-19)

15

TENGO UN HIJO AUTISTA

Cada vez que chegava a Boa Vista uma família com um filho autista, meu coração batia mais forte e minha atenção aumentava para saber o histórico e condição da criança. Era comum eu ouvir estes comentários:

"Ele nasceu com essa doença."

"Ele é muito agressivo."

"Ele não gosta de gente por perto."

"Ele não gosta de comer quase nada."

"Ele nunca vai conseguir fazer nada sozinho."

Meu filho, Nicholas, é autista. De alguma forma eu me identificava com os desafios, dores e dilemas desses pais. Embora não seja especialista em autismo, aprendi o seguinte:

Autismo não é doença. É uma condição ocasionada por um transtorno global do desenvolvimento.

Autismo não tem cura, mas tem tratamento.

A criança autista não é embirrada. Ela pode ter episódios de irritabilidade, de gritos ou de choro.

A criança autista não é enjoada para comer. Ela pode ser seletiva ao se alimentar. Porém, pode ser estimulada e treinada a ampliar sua preferência por um número maior de alimentos.

A criança autista não vai aprender a falar sozinha com o passar do tempo. Ela precisa de estímulo para desenvolver a comunicação. Quanto mais cedo começar a ser estimulada melhor será o resultado.

O autismo não torna a criança dependente para o resto da vida. A criança pode sim se desenvolver e aprender a ser um adulto independente e autônomo, salvo raras exceções.

Crianças com autismo não são naturalmente agressivas. Pelo contrário, são dóceis. Porém, cabe aos pais com extrema paciência e amor orientá-las e treiná-las a agir com brandura e respeito às demais crianças.

Crianças autistas podem sim aprender a olhar nos olhos, abraçar e beijar os pais e irmãos. Novamente, cabe aos pais essa missão, cujos frutos não aparecem do dia para a noite. A criança autista pode aprender a ler e a escrever, mas necessita de flexibilização educacional e acompanhamento individualizado. A criança com autismo não deve ficar isolada em casa, distante da sociedade. A limitação nas habilidades sociais não se dá porque a criança é tímida ou porque não gosta de pessoas. Ela simplesmente não sabe se relacionar seguindo os padrões convencionais. Os autistas não são menos inteligentes, apenas têm formas diferentes de interpretar informações e se posicionar no mundo.

Ao ouvir os relatos de cada família com um filho nessa condição, eu revivia a própria história de superação minha e de Nicholas. Eu queria compartilhar as experiências que vivi com meu filho.

Como lidamos juntos com essa condição?
Quais foram as maiores dificuldades?
Como consegui ajudá-lo a entender essa condição?
Como desenvolver sua autoestima?
Como estimular seu desenvolvimento cognitivo?

Como explorar seus dons e habilidades naturais?

Quando Nicholas tinha 3 anos de idade morávamos em João Pessoa. À noite eu costumava levá-lo, junto com seu irmão Felipe, para caminhar na praia de Manaíra. O passeio era super agradável, exceto quando Nicholas repetidas vezes empurrava o irmãozinho de 1 ano, que caía na areia. Foram necessárias muitas caminhadas até que ele deixasse de empurrar o irmão pequeno. Quando os dois começaram a ir à escola, os empurrões eram para os colegas da classe. Não sei quantas vezes Vânia foi chamada ao jardim de infância devido à "agressividade" de Nicholas.

Uma das características do autista é conversar sem olhar as pessoas nos olhos. Vânia costumava pegar a face de Nicholas com as duas mãos e olhar diretamente em seus olhos ao falar com ele:

-Nicholas, olha em meus olhos, meu filho!

Levou muito tempo até que ele conseguisse conversar fitando outra pessoa nos olhos.

Com 4 anos, em uma reunião da Igreja, Vânia havia levado folhas de papel e lápis de cor para distrair Nicholas. Quando ele nos entregou o desenho ficamos surpresos. Na folha de papel havia mais de dez pequenos dinossauros. Todos em movimento. Todos desenhados em três dimensões correndo, comendo, pulando, brigando. Naquele instante descobrimos: esse menino tem dom artístico. Nos anos seguintes, com orientação de professores especializados, ele passou a fazer desenhos cada vez mais elaborados e bonitos.

Com 10 anos, Nicholas se orgulhava em dizer que não aprendeu inglês com o pai. Aprendeu com os jogos de *video game*. A assimilação de uma segunda língua era natural para ele. Espanhol também aprendeu facilmente. Mais tarde, quando comecei a estudar mandarim, resolvi testar o dom de línguas do garoto. Ele tinha aula com a professora Lisa, que veio de Ningbo, na China. Ele assimilava as palavras em mandarim com a mesma facilidade com que aprendia o inglês e o espanhol.

Alguém poderá dizer: "Então esses garotos autistas são gênios!". De certa forma, sim! Em algumas áreas do conhecimento eles têm dons e habilidades naturais altamente desenvolvidas.

Por outro lado, até os 10 anos Nicholas nunca havia comido uma banana. Ele dizia que dava mal-estar, enjoo, náusea de vômito. Vânia sabia que era devido a sua condição autista. Até que um dia ela convenceu Nicholas a comer apenas uma pequena fatia de banana. Mais tarde, duas fatias. Depois três, até ele conseguir comer uma banana inteira. Hoje, a fruta que ele mais come é a banana.

Quando Nicholas completou 12 anos eu resolvi aprontar uma boa para ele.

- Nicholas, temos uma tradição na família. Sempre que um filho completa 12 anos, ele sai com o pai para comer uma pizza.

Até então ele nunca havia colocado uma única fatia de pizza na boca. Naquela ocasião ele gostava de uma menina chamada Gabrielle. Daí resolvemos apelar:

- Imagine se a Gabrielle descobrir que você não come pizza?

Ele não teve saída. Felipe, Nicholas e eu fomos a uma pizzaria no bairro do Cambuí, em Campinas. Quando o garçom serviu uma fatia em cada prato, Nicholas se contorcia, olhava para cima, para baixo, empurrava o prato. Nada de tocar a pizza. Finalmente, usamos a técnica da Vânia.

- Experimente apenas um pedacinho, Nick!

Foi tudo que ele conseguiu comer naquele dia. Na semana seguinte voltamos à pizzaria para mais um pedacinho, e assim sucessivamente. Hoje, qual é seu lanche favorito? Acertou. É pizza. Da Pizza Hut, é claro.

Esses filhos especiais muitas vezes têm uma espontaneidade e ingenuidade excessiva. Certa vez estávamos de férias no Havaí. Nicholas desde pequeno era fascinado por super-heróis. Tinha várias coleções de quadrinhos e de seus personagens. Ele faz aniversário dia 15 de julho. Justamente nessa data havia o lançamento de um filme de um de seus super-heróis favoritos. De repente, ele anuncia:

- Pai, essa semana vou completar 14 anos. Sabe o que quero de presente de aniversário?

- Diga, meu filho.

- Quero ir ao cinema com você assistir à estreia do filme do Homem-Aranha. Sabe que horas começa o filme?

- Não sei não, Nick. Pode dizer, meu querido.

- Começa à meia-noite. Podemos? Podemos ir? Podemos ir juntos?

Bem, o que um pai não faz para agradar um filho? Na noite da estreia, Nicholas, Felipe e eu chegamos ao cinema com antecedência. Compramos a pipoca, sentamo-nos na poltrona indicada, e, quando o salão já estava lotado e o filme prestes a começar, Felipe e eu vimos a cena mais inesperada da noite. Nicholas levantou-se, foi até a frente da tela do cinema, olhou para a plateia e anunciou:

- *Good evening, everyone. Today is my birthday!*

De repente, toda a audiência começa a cantar parabéns ao garoto que espontaneamente resolveu compartilhar aquele momento com seus "amigos".

Temos um hábito de família: antes de dormir fazemos uma oração com os filhos, nos abraçamos e vamos nos deitar. Fazemos isso de forma muito espontânea e natural. Nicholas orava e logo saía da sala. Nada de abraços. Nada de beijos. Nada de toque. Se passaram muitos anos até que ele espontaneamente desse ou aceitasse o abraço do pai ou da mãe.

Você deve estar se perguntando por que um livro sobre refugiados cita tantas histórias sobre os desafios enfrentados pelo Nicholas. Sensibilizado com todas as crianças autistas que recebi em Roraima, resolvi criar um grupo de apoio a essas famílias.

Minha filha, Priscila Martins, formada no Havaí, estudou por muitos anos os benefícios dos óleos essenciais para estimular a aprendizagem, atenção, concentração, memória, raciocínio, melhorias no comportamento e na qualidade do sono. Aliada à terapeuta ocupacional Amanda Vilela, especializada no atendimento de crianças com autismo, passamos a atender voluntariamente mais de cem famílias com crianças autistas. Esses pais recebem orientação e aconselhamento sobre como lidar com seus filhos portadores dessa condição no dia a dia.

Este livro começou relatando o amor de um pai e uma mãe, que deixaram tudo para trás, com o objetivo de proporcionar ao filho a experiência de servir uma missão humanitária. Ao chegarem em Boa Vista, foram surpreendidos com a notícia de que Nicholas passaria por um período experimental. Baseado em seu desempenho seguiria de forma independente ou passaria os 2 anos na companhia dos pais. Bem, e o que aconteceu com ele? Conseguiu se superar? Teve uma recaída? Precisou ficar com os pais? É isso que você vai descobrir no próximo capítulo.

16

O QUE ACONTECEU COM NICHOLAS?

Quase 2 anos se passaram desde aquele 3 de agosto de 2018 em que chegamos a Boa Vista. Apesar de toda a apreensão, ansiedade e preocupação dos pais, nem um único dia Nicholas nos telefonou solicitando qualquer tipo de ajuda. Não houve nenhuma situação emergencial. Nenhuma crise pessoal ou interpessoal. Nenhum contratempo que exigisse um cuidado maior.

Ele passou os três primeiros meses próximo a nós em Boa Vista. Depois, foi transferido para Parintins, onde serviu por sete meses. Em seguida, foi transferido para Vilhena, em Rondônia. Voltou a Boa Vista por mais alguns meses e passou os seis últimos meses de sua missão na cidade de Coari, no Amazonas. Uma localidade cujo acesso só é possível por barco numa viagem de oito horas de Manaus.

Durante todo o tempo de sua missão, ele seguiu com disciplina o programa proposto. Contatou milhares de pessoas. Ensinou a centenas de famílias a importância de manter uma família unida, com princípios e valores cristãos. Acompanhou semanalmente pessoas interessadas em conhecer a Igreja de Jesus Cristo dos Santos dos Últimos Dias. Batizou dezenas de pessoas que aceitaram o evangelho de Jesus Cristo.

Durante esse período, entre outras atividades de cunho assistencial, precisou cozinhar a própria comida, limpar a própria casa, lavar a própria roupa, e deve ter caminhado cerca de 5 mil quilômetros, uma vez que os jovens missionários não têm carro e dependem de transporte público para se locomover. Ou seja, ele precisou agir de forma autônoma, sem nenhum privilégio por sua condição pessoal, social ou financeira. Tudo que queria era a oportunidade de servir o próximo, doar-se a uma causa, servir como outros 70 mil jovens que fazem esse trabalho voluntário em várias parte do mundo.

Podemos censurar a própria vontade de desejar que um filho se sinta maior do que realmente aparenta? No fundo, sempre somos maiores, mas o olhar dos outros que nos enxerga maiores do que somos é que nos faz entender quem somos.

Esse Carlos que atravessou a fronteira não é mais o mesmo homem que partiu de Campinas rumo a Boa Vista. E esse Nicholas também não é mais o mesmo. Ele retorna para casa mais maduro, mais consciente, mais responsável, com uma visão ampliada de futuro. O Carlos também retornou para casa muito maior. Mais humano, mais vulnerável e ao mesmo tempo mais forte.

O real motivo de termos ido a Roraima foi nossa preocupação com o bem-estar de Nicholas. E, por incrível que pareça, durante o tempo que estivemos em Roraima a menor preocupação que tivemos foi em relação a nosso filho. Deus cuidou dele tão bem, tão perfeitamente, muito melhor do que nós teríamos feito. Tenho certeza de que não houve um único dia em que Deus o desamparou.

Senti que, através de meu filho, a mão invisível de Deus me enviou justamente ao lugar onde eu era necessário naquele momento e me apresentou as pessoas certas, colocando-as no meu caminho. Finalmente, me mostrou que o fruto dessa doação foi o que aconteceu na vida de 12 mil refugiados.

Acredito que realizei muito mais do que jamais poderia ter imaginado. Meu coração agora está no Brasil inteiro. Um coração enriquecido com tantas memórias. E sigo a vida sendo um sonhador. Acredito que somos eternos aprendizes. É claro que em cada momento de vida temos um sonho diferente. E, após essa missão, o que me espera? Talvez África? Talvez China? Ou, quem sabe, Campinas? Aonde mandardes, irei, Senhor!

Ao ler este livro, minha esperança é que você possa encontrar uma missão que provoque mudanças na sua vida e na vida das pessoas ao seu redor, que possa tocar seu coração e que o impulsione a sonhar na busca de seu verdadeiro propósito de existir.

Ao fechar este livro, espero que você encontre na alma a resposta que tanto procura: um projeto de vida capaz de transformar seu destino e levá-lo a alçar voos inimagináveis. Uma maneira de colaborar generosamente com o mundo. Essas são palavras de alguém que sabe o que o dinheiro é capaz de proporcionar, e que teve a satisfação de realizar uma missão que não pode ser comprada com dinheiro.

Estar nessa ação humanitária foi um de meus maiores empreendimentos, uma das maiores viagens que empreendi. Foi um caminho que me fez esquecer de mim, de meu conforto e de minha conveniência e me voltar totalmente ao próximo. Que me fez ter um novo pacto com a vida. Saímos de casa sem saber o que nos esperava, mas voltamos para casa com a sensação de ter cumprido uma missão de amor, uma missão de fé, uma missão de vida.

No fundo, sempre somos maiores do que imaginamos ser, mas o olhar dos outros que nos enxerga maiores do que pensamos ser, é que nos faz entender quem realmente somos.

EPÍLOGO
O DIA EM QUE A TERRA PAROU

Não sou supersticioso. Não acredito em astrologia ou numerologia. Mas dessa vez aconteceu. Era uma sexta-feira 13. Eu tinha acabado de pousar em Viracopos, em Campinas. Tinha vindo de Curitiba, onde fui participar do funeral de um primo de 22 anos, que morrera tragicamente em um acidente de carro em Ponta Grossa. Durante o funeral, que contou com centenas de pessoas, enquanto todos se cumprimentavam, se abraçavam e choravam a partida desse jovem que já estava com o casamento marcado, no fundo eu pensava: *Espero que ninguém aqui esteja com o coronavírus.*

Bem, cheguei em Viracopos às 10h30 daquela sexta-feira 13, com o plano de seguir para Boa Vista no dia seguinte. Peguei o celular e comecei a ler as notícias. A manchete principal daquele dia era: *Secretário de Comunicação testa positivo para Covid-19.* A comitiva presidencial acabara de retornar dos Estados Unidos. Naquele instante, não se sabia ao certo quem estava contaminado pelo coronavírus. Estaria o presidente da República contaminado?

Imediatamente minha mente retornou a Roraima, uma semana antes, sexta-feira, dia 6 de março, quando o general Barros me ligou:

- Carlos, você está em Boa Vista? Tem algum compromisso amanhã?

- Sim, estou em Boa Vista. Amanhã estou com a agenda tranquila. O que você tem em mente, general?

- Amanhã o presidente da República, a primeira-dama e a comitiva presidencial farão uma escala técnica em Roraima a caminho da Flórida. Gostaria que você me acompanhasse nesse encontro reservado.

No dia seguinte, nos encontramos na base militar de Boa Vista com o presidente, com a primeira-dama e com as demais autoridades.

E, naquele instante, paralisado em Viracopos, eu pensava:

Em que momento o secretário do presidente foi contaminado com o coronavírus?

Antes de sair de Brasília ou durante o encontro na Flórida?

Será que eu havia sido contaminado também?

Que tal as pessoas que estavam no funeral?

Com quem mais tive contato essa semana?

Devo fazer o teste? Não devo?

Minha mente apenas se tranquilizou quando, horas depois, foi noticiado que o secretário portador do vírus viajara para a Flórida em voo comercial, e não no avião presidencial. Naquele mesmo dia, conversei com Vânia pelo telefone. Depois consultei a liderança da Igreja em São Paulo, e, devido à perspectiva de fechamento da fronteira com a Venezuela, a orientação foi a de que seria melhor passar esse momento turbulento em Campinas e fazer nosso trabalho humanitário à distância.

De volta a Campinas, nos colocamos à disposição do prefeito e do governador do estado para contribuir de alguma forma para amenizar a dor e o sofrimento dos pacientes contaminados com Covid-19. Agora, nossa missão consiste em resgatar vidas afetadas pela pandemia.

Conforme citei anteriormente, para Deus não há estrangeiros. Todos são seus filhos. Em cada momento utilizamos os dons e os recursos que Deus nos deu para socorrer seus filhos na Terra, seja um refugiado faminto na fronteira, ou um brasileiro angustiado entre a vida e a morte, após haver sido infectado por um vírus avassalador.

Durante o fechamento deste livro eu me perguntava: *Senhor, o que mais quereis de mim? Como posso ser útil neste momento turbulento que o Brasil e o mundo atravessam?* Após retornar para casa, sentia no fundo que agora em Campinas uma missão ainda maior me aguardava. Até que, numa madrugada, perdi o sono, e pensava: *As livrarias estão todas fechadas, shopping centers fechados, quando irei lançar o livro* Meu maior empreendimento*? Daqui a três meses? Quem sabe daqui a seis meses?* Naquele instante, recebi a inspiração. *Você não vai esperar três ou seis meses. Você vai lançar este livro nesta semana mesmo. Você irá promover a maior ação social para ativar o amor no coração das pessoas em apoio às vítimas contaminadas pela Covid-19.*

Foi assim que surgiu o livro que você está lendo neste momento. O relato contido neste livro é tão nobre que ele somente pode ser adquirido pela generosidade de seus leitores para promover um bem ainda maior. Conforme já anunciei, toda a renda arrecadada proveniente deste conteúdo será destinada integralmente para o atendimento e tratamento de pacientes contaminados com o coronavírus.

Acredito que tanto eu quanto você estamos agora em quarentena, talvez angustiados em ficar em casa, aguardando o futuro. Um futuro incerto para muitos. Um futuro que não sabemos qual será. E a única coisa que consigo imaginar é que convivi por quase 2 anos com pessoas que estavam sem nada, aguardando um futuro também incerto. Os refugiados que chegaram a Roraima ficaram meses ou anos aguardando confinados em uma barraca. Para eles, parecia uma espera sem fim num país desconhecido.

Através de sua bondade, podemos juntos fazer a diferença na vida de milhares de pessoas. Porque acredito que mesmo que o vírus esteja entre nós durante alguns meses, todos poderemos nos reerguer, reconstruir a vida de onde paramos e, além disso, olhar para o lado e ajudar quem precisa de apoio. Assim estaremos unidos numa grande causa humanitária. Seja a de resgatar refugiados, ou a de amparar pessoas contaminadas. A causa que estiver ao seu alcance, abrace. E abrace-a sem medo de ser contaminado. Porque quando você abraça uma causa, você é contagiado com um amor inesgotável de Deus. Você passa a espalhar bênçãos por onde vai e a ser um instrumento de generosidade, como Jesus nos ensinou.

Acredite: o fato de você haver adquirido este livro e levar esta mensagem adiante já é uma semente que está sendo plantada em seu coração para que possamos semear a boa nova no novo mundo que está por vir.

Os refugiados continuarão vindo, e a única pergunta a ser feita é: o que faremos para ajudá-los?

Davan Yahya Khalil

Toda renda proveniente da venda deste livro será revertida para causas sociais.

Você poderá adquirir este livro em sua versão digital através do site: www.EuFacoParteDaSolucao.com.br

FONTES Greta Text, Druk, Replica
PAPEL Pólen Soft 80 g/m²
IMPRESSÃO RR Donnelley